Roger Marx

La Décoration et les Industries d'Art à l'Exposition Universelle de 1900

Delagrave
éditeur
15, rue Soufflot,
Paris 1901

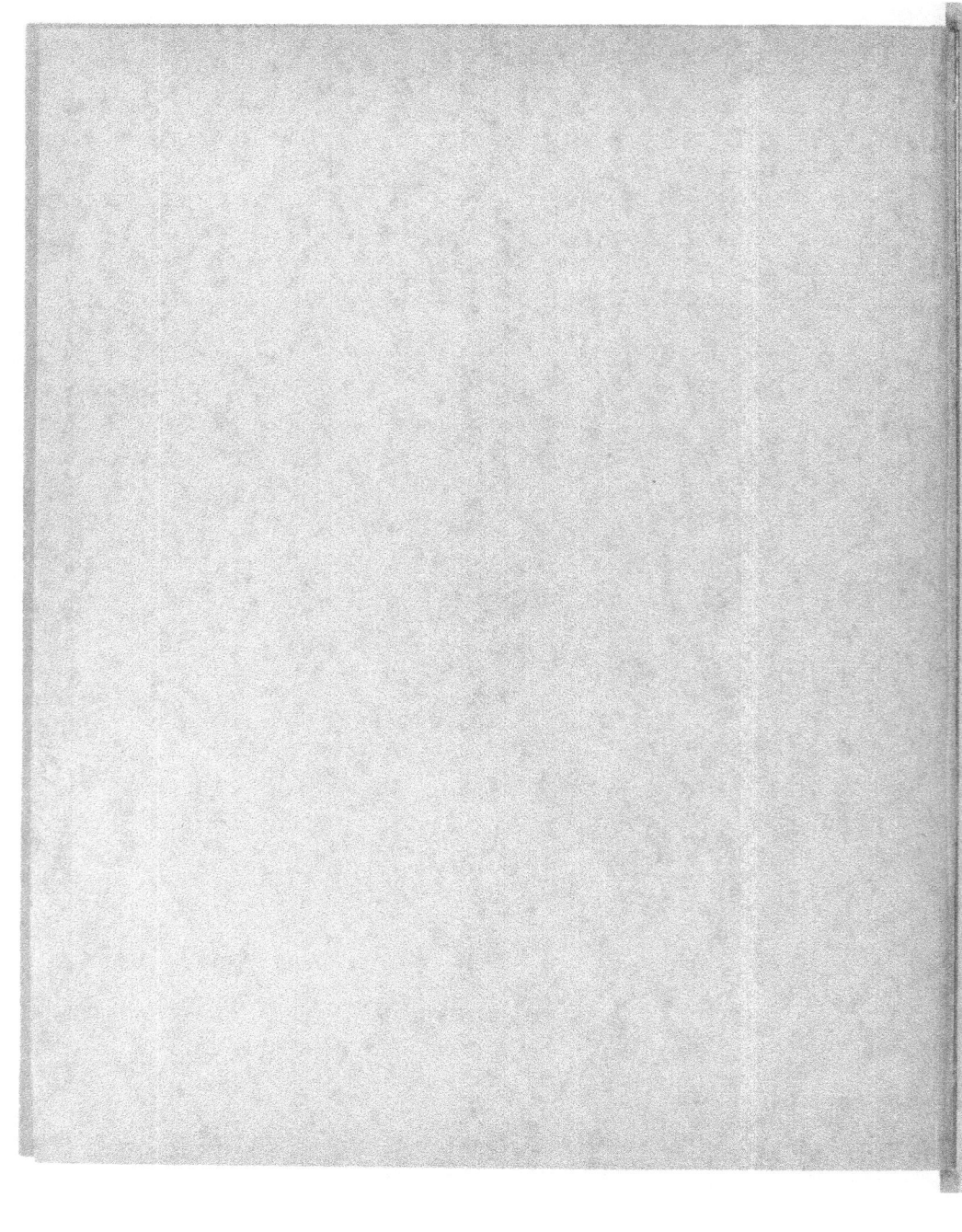

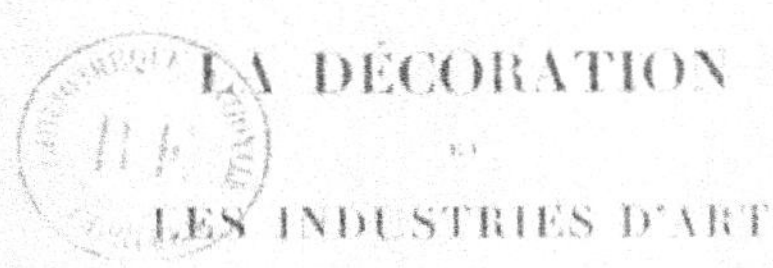

LA DÉCORATION

ET

LES INDUSTRIES D'ART

A L'EXPOSITION UNIVERSELLE DE 1900

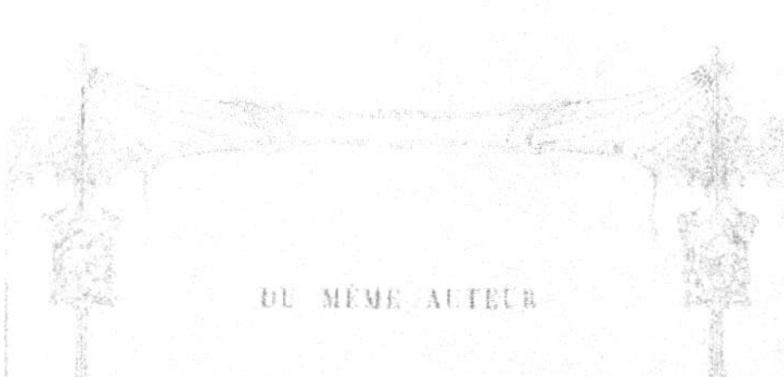

DU MÊME AUTEUR

Études d'Art lorrain : L'Art à Nancy en 1882, Paris, Ollendorff, éditeur; un vol. in-18 illustré (*épuisé*).

Henri Regnault, Paris, Librairie de l'Art, 1886, 3e mille; un vol. in-8e illustré (*épuisé*).

L'Estampe originale, in-folio, 1re série, Paris, 1888 (*épuisé*); 2e série, Paris, 1893 (*épuisé*).

La Décoration et l'Art industriel à l'Exposition universelle de 1889, Paris, Quantin, éditeur, 1890, grand in-8e illustré (*épuisé*).

The painter Albert Besnard, Paris, 1893, petit in-4e illustré (*épuisé*).

J.-K. Huysmans, Paris, Kleinmann, éditeur, 1893; in-8e avec portrait (*épuisé*).

Les Salons de 1895, Paris, *Gazette des Beaux-arts*, 1895; in-8e illustré (*épuisé*).

Les Médailleurs français au XIXe siècle, Paris, Lahure, éditeur, 1897; un vol. in-8e illustré (*épuisé*).

Cartons d'Artistes : Rodin, Puvis de Chavannes, Degas, Carrière, Chéret, Millet, Ribot, Hervier, Guys, Jongkind, Vierge, Paris, *L'Image*, 1897, Floury, éditeur; in-8e.

Les Médailleurs français contemporains, Paris, H. Laurens, éditeur, 1898; un album in-4e (*presque épuisé*).

Edgar Chahine, Paris, Sagot, éditeur, 1900; in-8e illustré.

L'Exposition centennale de l'Art français en 1900, Paris, Librairie Centrale des Beaux-Arts, 1900, un volume in-folio avec cent héliogravures (*presque épuisé*).

Les Médailleurs modernes en France et à l'étranger (1800-1900), Paris, H. Laurens, éditeur, 1901; un album in-4e.

Les Maîtres du dessin, publication mensuelle reproduisant par l'héliogravure les plus beaux dessins de toutes les écoles. — Trois années parues (*Le Musée du Luxembourg; Les Dessins français du XIXe siècle; Les Dessins français du XVIIIe siècle*). Paris, Chaix, éditeur.

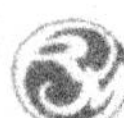

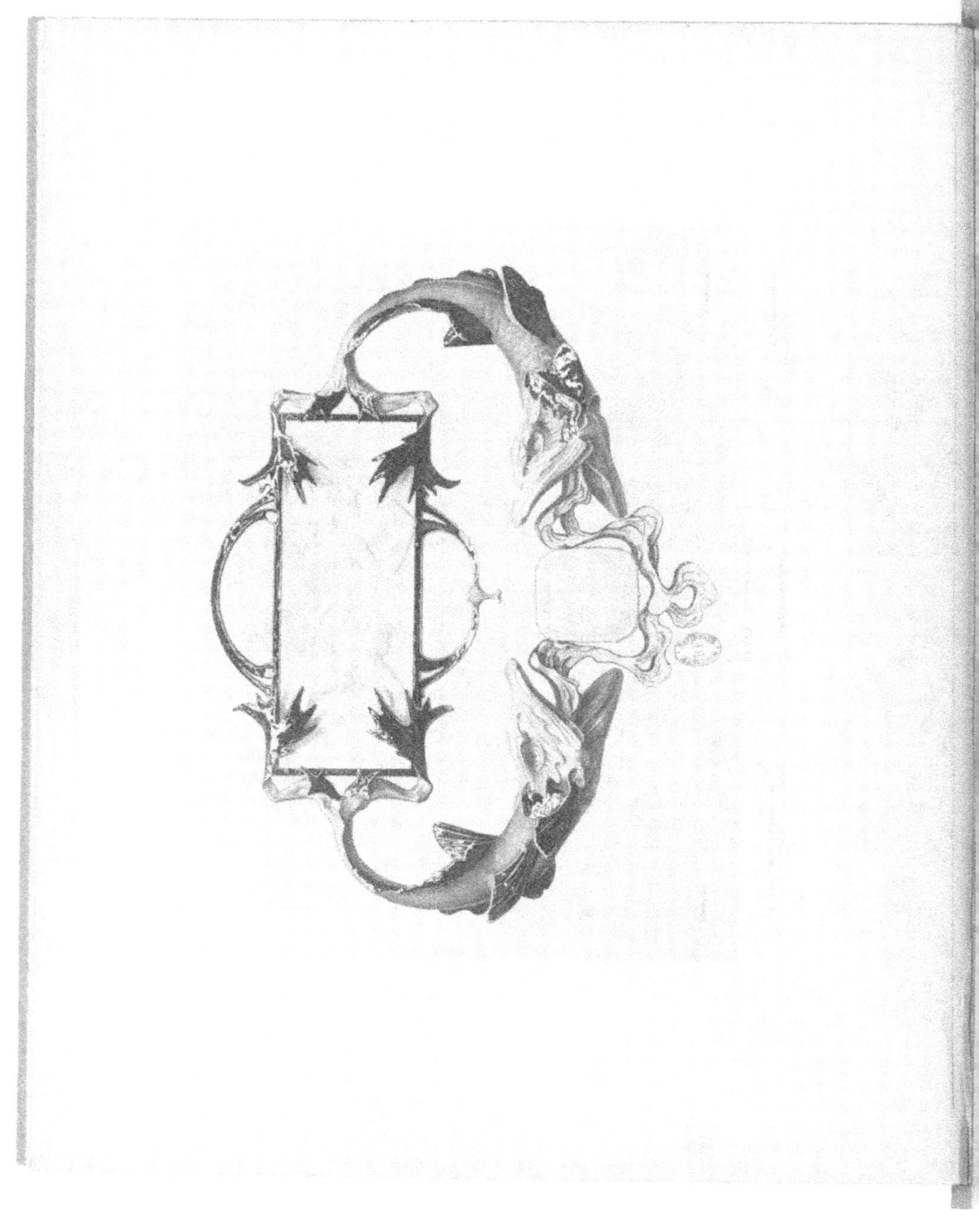

ROGER MARX

LA DÉCORATION

ET

LES INDUSTRIES D'ART

A L'EXPOSITION UNIVERSELLE DE 1900

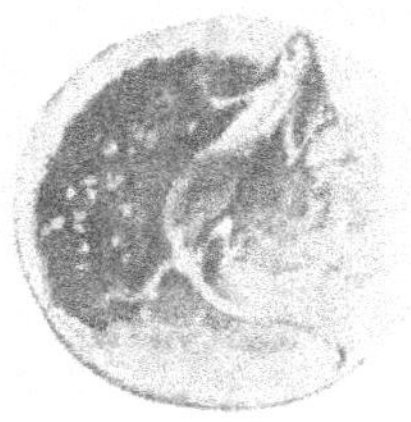

PARIS

LIBRAIRIE CH. DELAGRAVE

15, RUE SOUFFLOT, 15

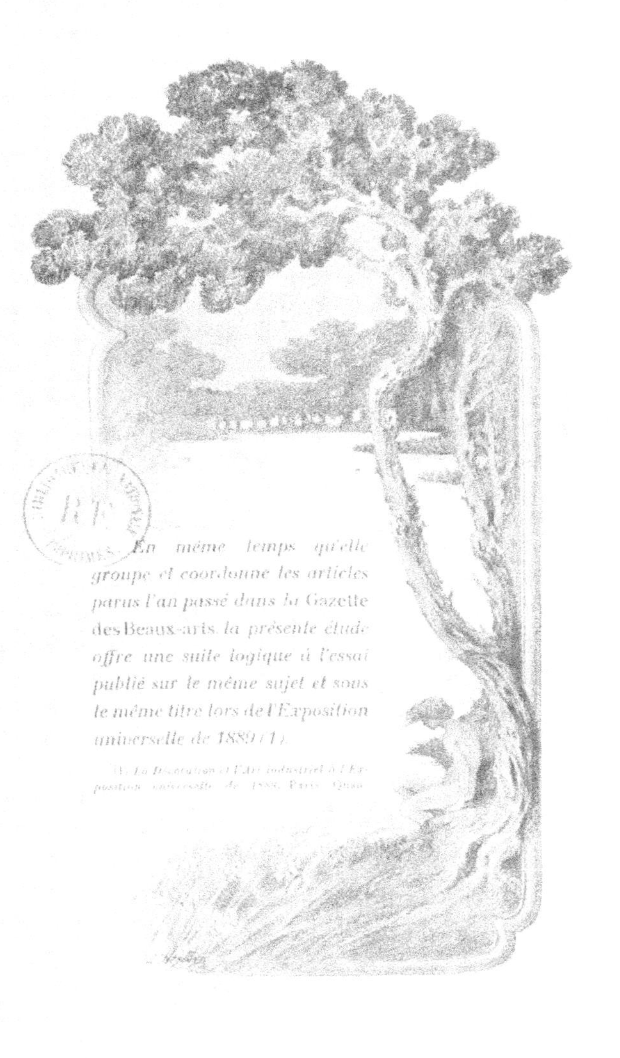

En même temps qu'elle groupe et coordonne les articles parus l'an passé dans la Gazette des Beaux-arts, *la présente étude offre une suite logique à l'essai publié sur le même sujet et sous le même titre lors de l'Exposition universelle de 1889* (1).

(1) *La Décoration et l'Art industriel à l'Exposition universelle de 1889*, Paris, Quan-

C'est de cette époque que date, pour l'Europe continentale du moins, la renaissance des arts du foyer et de la vie. La variété de ses inventions n'a pas laissé de surprendre et de prêter à la controverse ; mais le principe même de cette renaissance ne saurait être mis en question, non plus que sa portée.

Il suffit d'un regard jeté sur la dernière décade pour constater l'orientation nouvelle des facultés, leur meilleur emploi, et pour reconnaître les changements survenus dans l'état de l'esprit public. Rappelez-vous la vanité des hiérarchies esthétiques dénoncée, le préjugé aboli, les Salons enfin ouverts, sur nos instances, à tous les talents qui transforment et animent la matière.

Aussitôt l'unité de l'art imposée au consentement universel, en France la chaîne un instant rompue se renoue; les aptitudes foncières, naguère dévoyées, se consacrent à ces industries somptuaires où avaient triomphé, durant de longs siècles, la sensibilité de notre instinct et l'affinement de notre goût. Pour célébrer la tradition reprise et initier à l'effort incessant du génie moderne en quête de rénovation, à Paris, en province, l'initiative s'éveille : des revues se fondent, des congrès s'organisent, des collections se forment, des musées, des écoles spéciales, des expositions s'ouvrent, — permanentes ou éphémères. Hier, on ne professait à l'endroit des arts utiles qu'indifférence ou mépris; chacun se soucie maintenant de leur destinée; ils ont recouvré leur crédit dans l'estime de tous et leur rang dans les préoccupations des hommes d'État; on les admet au partage de notre vie, on les sollicite d'adoucir la condition humaine.

Il a appartenu à la dernière Exposition universelle de marquer cette évolution des esprits et des volontés au début du vingtième siècle.

tia, 1890. In-8° illustré. — Consulter aussi depuis 1889 nos articles du *Voltaire*, nos « mouvements d'art décoratif » de la *Revue encyclopédique* et nos divers discours, conférences et préfaces.

Certes la phase, très signalétique, apparaît à l'historien comme une période de recherches, d'élaboration plutôt que de définitif aboutissement ; elle n'en demeure pas moins passionnante, en raison des inquiétudes qu'elle décèle et des résultats dont elle établit la progression. A l'étudier, chacun prendra le témoignage d'une conscience mieux éclairée sur les buts d'application de l'art et sur sa mission sociale. Vienne une énergique persévérance de vues à seconder la poursuite d'un aussi fier idéal, les aspirations des esthéticiens sortiront du domaine stérile de l'utopie, et les activités, méthodiquement dirigées et unies, pourront demain répondre au vœu qui exige de tout et pour tous le bienfait de la beauté.

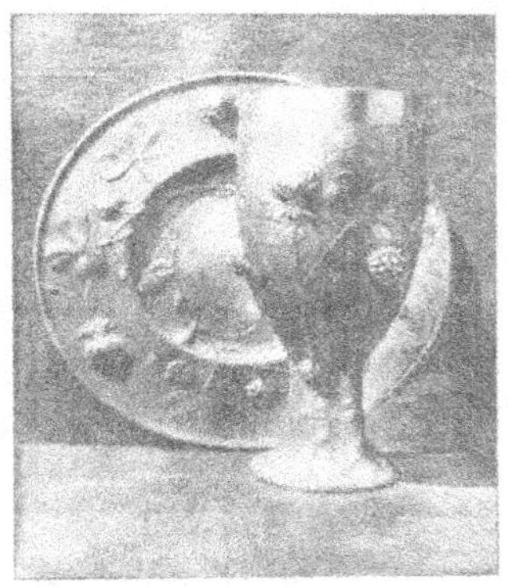

[illegible]
GOBELET D'ÉTAIN AVEC SA SOUCOUPE
PAR M. BRATEAU

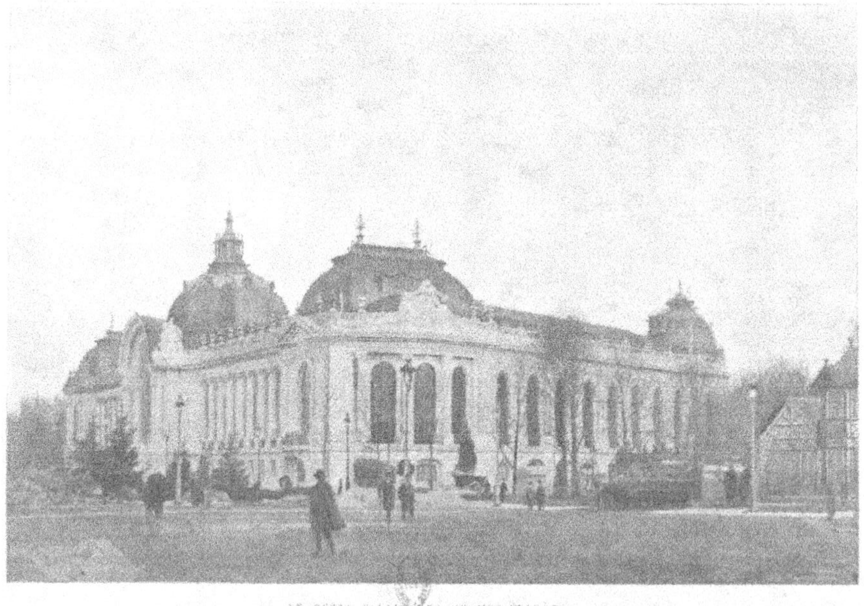

LE PETIT PALAIS DES CHAMPS-ÉLYSÉES

(M. Girault, architecte.)

La Décoration et les Industries d'Art. — Ch. Delagrave, éditeur.

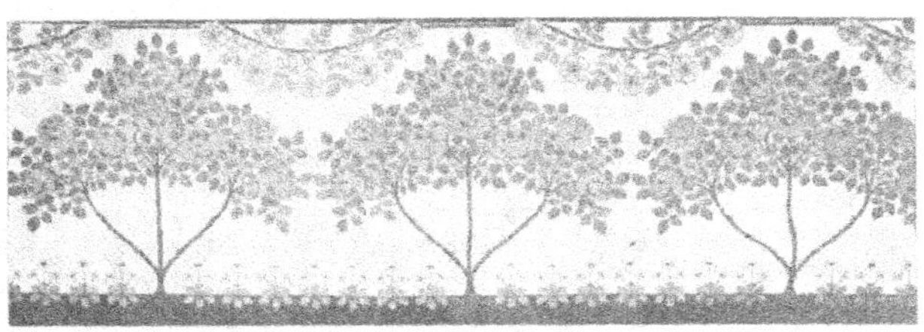

FRISE PAR M. FÉLIX AUBERT

LA DÉCORATION ET LES INDUSTRIES D'ART

A L'EXPOSITION UNIVERSELLE DE 1900

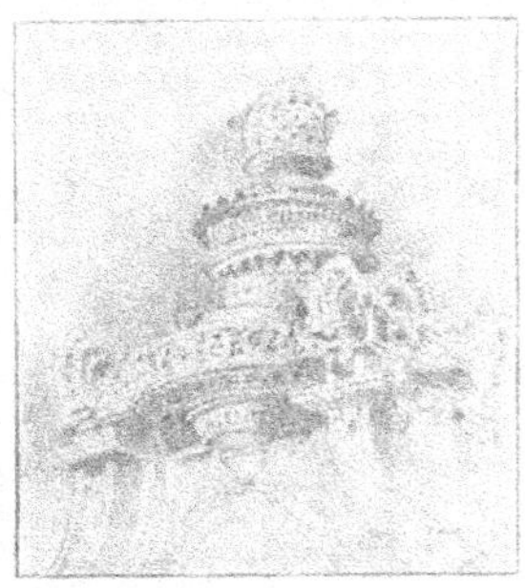

ÉTUDE POUR LE COURONNEMENT DE LA PORTE MONUMENTALE (Dessin de M. René Binet)

Dans la brume grise de l'hiver la vision s'est évanouie. La fin est arrivée de ce qui fut, six mois durant, le plaisir des yeux et de l'esprit, la fête du travail et de la paix. Pareilles latitudes n'avaient jamais été offertes de s'initier à l'activité et au progrès des civilisations, de mesurer l'effort du génie humain aux prises avec la matière. Certes, le doute en l'avenir n'est pas permis; mais tout de même il semble que la manifestation de 1900 marque un arrêt, sinon un terme, et que, sous peine de déchoir ou d'excéder la mesure, l'ère des Expositions françaises soit pour quelque temps close.

Cette fois déjà, le champ d'observation s'étendait à l'infini, et la crainte vous poursuit d'en avoir ignoré quelque zone. Ne fut-il pas trop vaste, hors de relation avec les limites de nos forces, de notre attention et de nos loisirs? Ou bien doit-on moins accuser la haïssable mégaloscopie que le désordre d'une classification arbitraire et confuse? Le temps n'est plus où le système rayonnant de Le Play groupait les « produits exposés » tout ensemble d'après leur nature et leur pays d'origine. Puisque l'on renonçait à isoler le labeur intégral de chaque nation pour se résoudre à la présentation par catégorie, il fallait ne point tolérer d'exception à la règle et sérier rigoureusement les créations qu'assimilaient un effort parallèle et un but identique. Par malheur, il n'en fut rien. Les éléments d'un même objet d'étude se trouvèrent épars, disséminés çà et là, au caprice du hasard ou de la volonté individuelle; des détours sans nombre dépistaient la recherche; de constantes entraves retardaient, à moins qu'elles ne les interdissent, les considérations générales et les vues d'ensemble... Xénophon parle en quelque endroit de la beauté que confère aux plus humbles ouvrages de l'homme un groupement méthodique; « alors, ajoute-t-il, ils semblent former un chœur ». Cette harmonie, l'Exposition de 1900 ne l'a point connue; elle a contraint aux péripéties des plus lamentables odyssées les curieux chez qui la foison d'exemples aiguisait le désir de la découverte, elle n'a favorisé ni les rapprochements, ni les contacts d'où jaillit soudain, de soi-même, le trait de lumière, l'éclair de vérité.

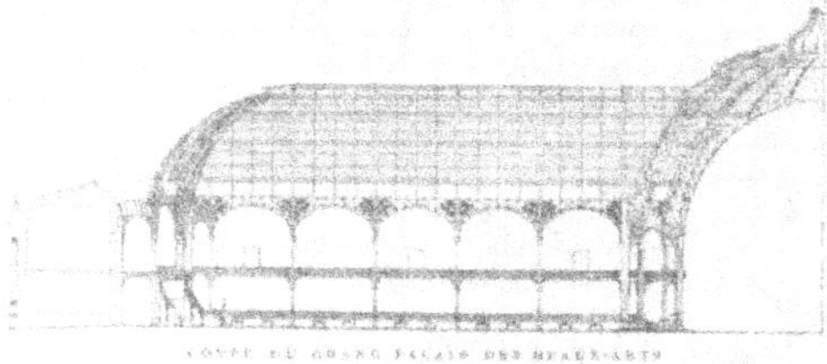

COUPE DU GRAND PALAIS DES BEAUX-ARTS
D'après le dessin de M. Deglane.

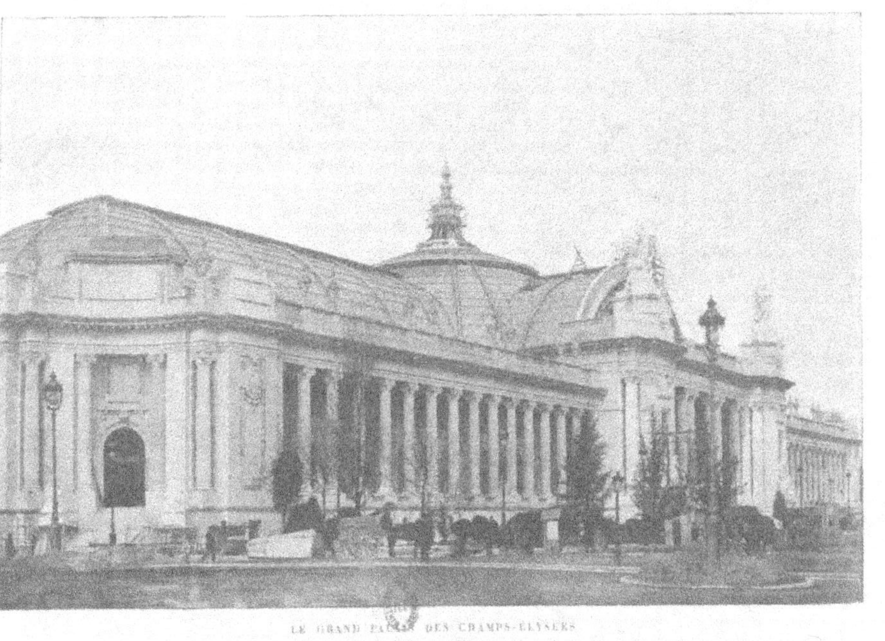

LE GRAND PALAIS DES CHAMPS-ÉLYSÉES

(M. Deglane architecte.)

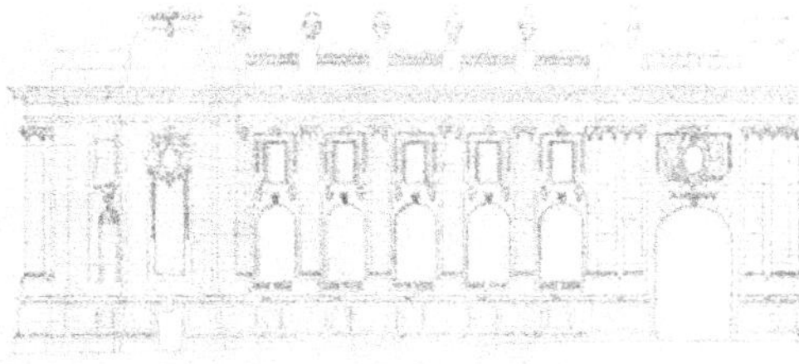

FAÇADE LATÉRALE DU GRAND PALAIS DES BEAUX-ARTS
(D'après le dessin de M. Deglane.)

I

LA DÉCORATION EXTÉRIEURE

Est-ce à dire qu'il convienne d'incriminer le plan, j'entends l'utilisation des espaces divisés, morcelés à plaisir? Je ne l'imagine guère. Vouloir que l'Exposition aboutisse au cœur de Paris et dresse son portique monumental sur la place même de la Concorde; lui réserver d'inaugurer la perspective nouvellement ouverte de l'avenue des Champs-Élysées au dôme des Invalides; affecter le Trocadéro à une évocation appropriée de l'Orient, des colonies et y révéler la majesté de la pagode d'Angkor, des temples de Java; édifier au Champ-de-Mars, sur l'emplacement des palais de M. Formigé, deux constructions d'une convenance certaine, et les relier par l'éventail ajouré du Château d'eau; jeter au milieu de la Galerie des Machines, comme dans la magie d'une féerie, un hall des Fêtes gigantesque, une salle des Illusions aux murailles transparentes, s'illuminant tour à tour de tous les feux, de toutes les nuances des gemmes; installer sur les berges de la Seine la rue de Paris et ses serres, la rue des Nations avec ses pavillons mirant dans les eaux le contraste de leurs styles et de leurs couleurs : voilà autant d'initiatives heureuses, et chacun s'est plu, dès le premier jour, à y rendre hommage. Le prix ne saurait s'en trouver amoindri, même si la réalisation demeura inférieure à l'idée, comme il est advenu à l'Esplanade des Invalides, où l'allée trop étroite ménagée entre les constructions laissait à peine entrevoir la façade de Mansart. Ici, et en présence de certains partis qui appellent la critique, l'architecte seul doit être mis en cause. On s'est fort récrié sur l'abus du staff, et les vérités désobligeantes ne lui furent point ménagées. La faute n'en est pas au pauvre « materiau »; il pouvait perdre son apparence de plâtras, se modeler, emprunter les séductions variées de la palette. Le tout était de prévoir la nécessité de cette parure. Les blancheurs immaculées de la chaux ne siéent guère qu'aux climats du Midi, de l'Orient; elles rutilent sous le rayon limpide; elles s'accordent avec le bleu intense du ciel et le vert profond des feuillages. A Paris, rien de semblable; notre atmosphère répudie l'éclat brutal des tons crus; il lui faut les nuances douces s'harmonisant dans la lumière apaisée... Souvenez-vous comment M. Formigé sut ravir en unissant les tendres couleurs de la chair à celle de la turquoise. En France, tout n'est-il pas tact, délicatesse et mesure? On ne regrettait que davantage une tendance à la surcharge, fréquente dans les improvi-

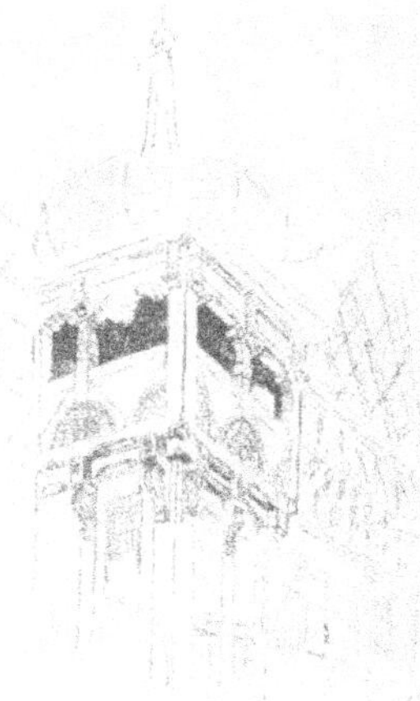

LE PAVILLON DU DANEMARK (DÉTAIL)
(Dessin de M. [illegible].)

sations éphémères, comme dans les conceptions lentement mûries des architectures appelées à survivre.

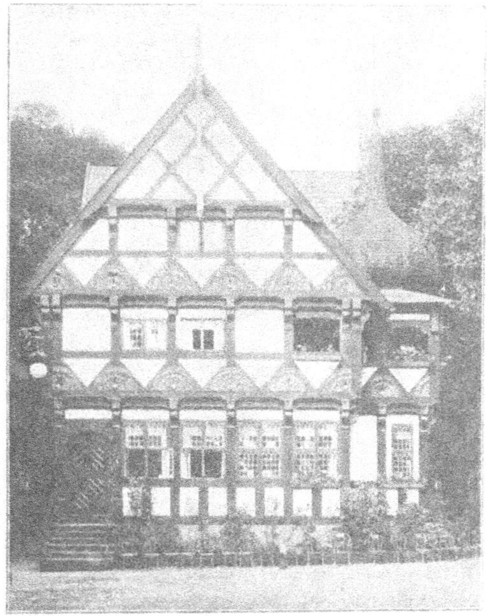

LE PAVILLON DE [illegible], PAR M. KOCH

Notre démocratie, consciente de sa mission, réclame elle aussi des palais ; mais c'est lui faire injure et mal comprendre son légitime orgueil que recourir, pour le satisfaire, aux mensonges du clinquant et du faux luxe, aux vanités des emprunts et des redondances. L'idée de véritable grandeur ne sera jamais évoquée que par la simplicité, et la simplicité manquait à la décoration extérieure du Grand et du Petit Palais; l'originalité aussi. On n'a pas rajeuni un style en développant derrière une colonnade à la Gabriel ou à la Perrault une frise en céramique ou en mosaïque que le regard ne pourra jamais embrasser dans son entier. On n'a point fait œuvre de créateur en accumulant sur une façade des bas-reliefs, des figures, des groupes, dont le moindre défaut est de ne point se lier à l'édifice ou même d'en contrarier résolument les lignes maîtresses. Une fois le seuil franchi, le dépit et le malaise allaient s'atténuant; le Grand Palais semble apte à remplir ses multiples offices; déjà chacun a retenu les proportions de sa nef, l'aspect grandiose de son escalier, sa coupole elliptique. Issu d'une inspiration unique, le Petit Palais plaisait davantage, grâce à l'économie plus judicieuse du plan, à l'intérêt des sous-sols, au bon éclairage des galeries, à un double attrait de logique et d'élégance. Il importait néanmoins de se prononcer sans ambages. Un monument ne portera témoignage devant l'avenir que si une personnalité s'y accuse, s'il participe de l'état d'âme ambiant, et s'il ne méconnaît pas le principe du renouvellement nécessaire.

Dans l'histoire de l'art, comme dans celle des sociétés, le progrès est la condition de la vie; il ne se réalise qu'à la faveur de découvertes incessantes. La révolte contre ces indispensables acquisitions allège comme une atteinte au droit de créer, comme une incitation à déchoir; n'empêche qu'elle est immanente. La vanité s'empresse de condamner ce qui la surprend et, plutôt que de douter d'elle-même, de réfléchir, de se mettre en peine, elle préfère vouer à l'opprobre ce qui trouble l'accoutumance de sa pensée et de sa vision. Le siècle durant, dans tous les ordres de l'activité, l'outrage a accueilli la libre initiative. Il faudrait que partout où elle se produit et où on la juge, cet axiome d'Ernest Renan pût se lire, s'imposer à la méditation et prévenir le retour des errements familiers : « L'esprit de l'homme n'est jamais absurde à plaisir, et chaque fois que les productions de la conscience apparaissent dépourvues de raison, c'est qu'on ne les a pas su comprendre. » À Dieu ne plaise que se retrouve ici la facile raillerie

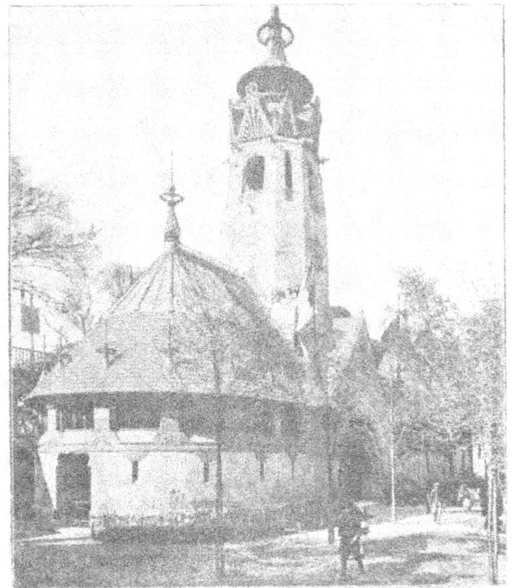

LE PAVILLON DE LA FINLANDE, PAR M. SAARINEN

par où l'amour de la routine s'épanche et censure l'audace imprévue des recherches inédites! Loin de partager à leur endroit le préjugé commun, tenons-les au contraire pour rassérénantes et fécondes.

La tradition seule ne constitue pas une source d'inspiration — on ne le voit que trop d'après l'état des arts officiels, d'après la décadence de l'Italie, de l'Espagne, qui vivent sur le passé et où la sève semble tarie ; corps national d'exemples et de doctrines, elle offre l'aide d'un contrôle ; elle rappelle par quelles préférences s'est manifesté, à travers les âges, le particularisme foncier de l'instinct, du tempérament, de la race. Ne demandons aux leçons du passé que de guider et d'avertir. Entre la tradition et l'invention, nul antagonisme n'existe ; elles peuvent se concilier, s'unir et se fondre ; bien mieux, l'invention n'est souvent que la tradition poursuivie, émancipée, transformée ; ainsi semble-t-il en aller dans les pays scandinaves, en Hongrie, en France même, — nous n'ajouterons pas au Japon, tant la hantise des souvenirs rétrospectifs et une influence occidentale encore mal digérée y paralysent, pour l'instant, l'essor des facultés créatrices. Les nations où la tradition est moins ancienne, moins riche, sont celles qui innovent le plus facilement ou qui arrivent, par le calcul de la volonté, à donner l'illusion de la génération spontanée. L'Angleterre, l'Allemagne, l'Autriche ont montré en 1900 les admirables résultats d'une culture intensive ; le sentiment du beau passe pour y être moins vif, moins répandu que chez nous ; mais l'enseignement de l'école et du musée, la suggestion de modèles choisis, une initiation vigilante et immédiate aux derniers efforts des artisans lointains ou

UNE PORTE DU VILLAGE RUSSE,
PAR M. CONSTANTIN KOROVINE
(Dessin de M. [illegible].)

proches, y ont instauré un goût artificiel, accessible au moderne, dégagé des formules et, partant, approprié aux besoins de l'industrie, qui exige, elle aussi, pour prospérer, l'afflux vivifiant des inspirations neuves.

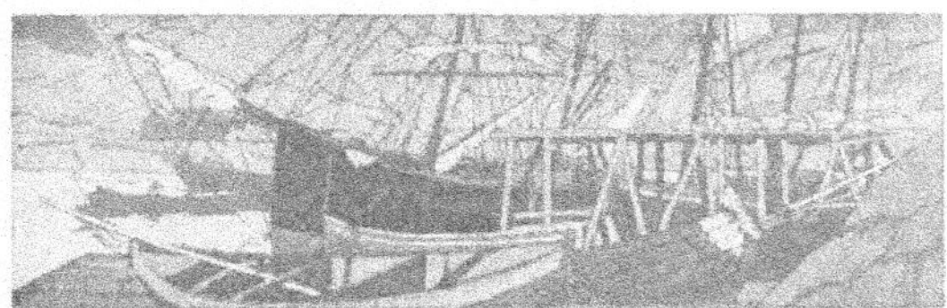

AU PAYS DU SOLEIL DE MINUIT.
PEINTURE DÉCORATIVE DE M. CONSTANTIN KOROVINE AU PALAIS DE L'ASIE RUSSE

Si l'on veut se convaincre de la nécessité pour la tradition de ne point se fermer, d'accepter délibérément l'apport de chaque époque, il suffit de comparer l'état de l'architecture en Orient et dans le Nord; ici elle végète

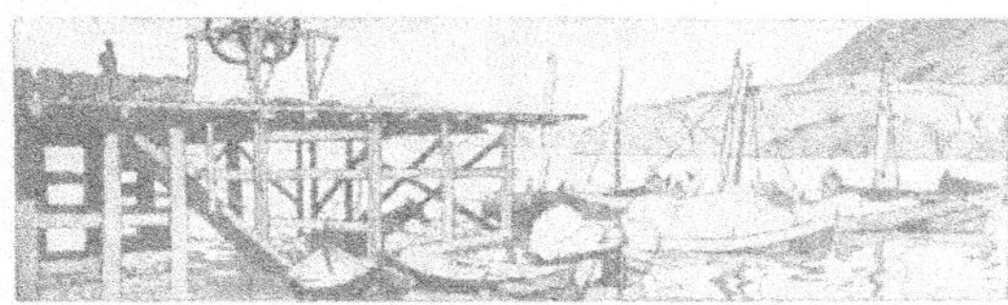

UN PORT ARCTIQUE.
PEINTURE DÉCORATIVE DE M. CONSTANTIN KOROVINE AU PALAIS DE L'ASIE RUSSE

misérable, ne sort point d'un ordre de types limité; là, au contraire, tout en restant fidèle aux lois du milieu, elle s'épanouit et se diversifie. L'Exposition de 1900 a dû, pour beaucoup, l'imprévu de son attrait à ces constructions scandinaves, finlandaise ou russes, qui n'étaient point des copies, mais de libres interprétations, et qui bénéficiaient, à l'évidence, du contact avec l'âme populaire; elles divulguaient l'esprit, les coutumes, les tendances même de l'humeur; ainsi, par les variations des lignes et des masses, des tons et des faîtages, les différences se pressentaient entre l'enjouement du Suédois et la gravité du Norvégien. N'imaginez point que pour marquer la place de son pays dans la rue des Nations, M. Koch ait convoité les splendeurs d'un palais; il a édifié une petite maison bourgeoise dans le goût du XVIIe siècle, comme il s'en rencontre encore en Danemark dans la province, à Horsens par exemple; les façades, avec les charpentes ouvragées marquetant le mur blanc, rappellent, pour le principe, notre architecture normande; elles sont percées de fenêtres nombreuses, qui laisseront filtrer la claire lumière et apercevoir la côte battue par la vague. Un charme d'intimité — d'intimité plus affinée que celle des Hollandais — émane de ce tranquille logis, et en même temps l'idée s'évoque d'une existence simple, aux jours lentement égrenés dans la douceur de la contemplation et de la rêverie.

Le pavillon de Finlande est comme un hommage dédié par M. Saarinen à sa patrie. On n'en pouvait souhaiter de plus touchant ni de plus heureux. Tout s'accorde à y exalter l'amour du sol natal. L'unité absolue de l'œuvre, sobre, presque sévère, en élève très haut la signification et l'attrait. Comme matière, M. Saarinen a adopté le granit gris; pour la construction, il s'est souvenu des habitations primitives des paysans, des vieilles églises dont le campanile à clochetons s'élance dans l'air et raye la nue. L'ornementation s'emprunte exclusivement à la flore, à la faune indigènes; quatre ours veillent au pied de la tour; ce ne sont, agrémentant le cintre des porches, que chapelets d'écureuils ou de têtes d'ours; sous le toit, des grenouilles coassent; la ceinture basse des murs se parsème de feuilles de nénuphars; des pommes de pin énormes soutiennent les tourelles; dans la nef, des bas-reliefs de bois de M. Halonen, frustement taillés, initient aux labeurs et aux plaisirs des humbles, tandis que des paysages, des intérieurs, montrent les aspects de la campagne, la lutte pour l'existence, la diffusion de l'enseignement même; enfin, la coupole s'illustre de fresques de M. Axel Gallén, inspirées de l'épopée finlandaise le *Kalevala*, et qui valent par la souplesse, le fantastique de l'imagination, non moins que par la saveur d'un métier approprié.

Un second exemple de rationalisme technique est fourni par M. Constantin Korovine. La personnalité de l'artiste est intéressante entre toutes, et l'occasion fut précieuse de la mieux connaître. Nous savons que, paral-

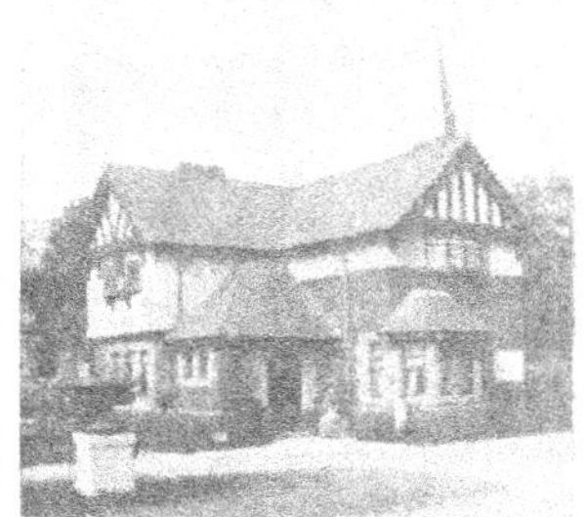

[illegible]

lèlement à Wasnetsow et secondé par l'effort de la regrettée Mme Polenova, M. Constantin Korovine s'était proposé de restaurer le style septentrional. Sa participation à l'Exposition de Nijni-Novgorod avait déjà été significative à cet égard. Peintre, sculpteur, architecte, on l'a chargé de « composer » le « Village russe », d'assurer la représentation des « petites industries rurales » et d'embellir de peintures le Kremlin du Trocadéro; pour se préparer à sa triple tâche, M. Korovine s'est astreint à parcourir le Caucase, la Sibérie, l'Asie centrale, aussi attentif au décor qu'aux mœurs, à la demeure qu'à l'habitant; de son voyage il a rapporté des documents, des impressions, et surtout la volonté de réaliser son idéal. Si les constructions du « Village russe » se rapprochent, pour l'aspect général, de celles dont il subsiste des vestiges dans le gouvernement d'Arkhangel, les variations sont, d'autre part, assez nombreuses pour attester, ici encore, une création partielle. Quant à la série des frises de M. Korovine, il faut voir en elles la plus belle expression du paysage décoratif à l'Exposition. Que de spectacles inoubliables il a fixés : le soleil de minuit, la Nouvelle-Zemlia, les ports arctiques et les villages de pêcheurs, les mines d'or et les forêts vierges, la vallée de l'Ienisseï, la mer Polaire, les îles du Commandor! Et jamais vous ne le verrez choir dans l'aridité de la définition géographique : il n'est pas un de ces panneaux où l'émotion, l'enthousiasme ne déborde; la vision est pittoresque et troublante, synthétique et particulière : synthétique parce que M. Korovine possède le sens natif des harmonies; particulière, parce que le caractère de la région se trouve victorieusement mis en lumière. Tout de suite le parallèle s'est imposé avec M. Henri Rivière, et le regret venait que l'Exposition ne lui eût pas fourni de même l'occasion de tenir son rôle et de donner sa mesure (1).

N'espérons pas que le pavillon de la Grande-Bretagne, à la rue des Nations, offre la même valeur édifiante que les constructions du Nord. Ce n'est, à vrai dire, qu'un spécimen du style jacobéen (ou écossais), qu'une reproduction du château de Bradford-sur-Avon, lequel date du début du XVIIe siècle. Qui voulait se former une idée de la renaissance de l'architecture privée en Angleterre, et constater à quel point elle est devenue de nos jours expressive des besoins, caractéristique et nationale, devait aller étudier, à l'annexe de Vincennes, le plaisant cottage exposé par MM. Lever frères, et qui constitue, à Port-Sunlight, la demeure de chaque ménage ouvrier. L'intérêt n'est pas seulement dans la distribution judicieuse des pièces, dans le souci partout manifeste de la commodité, de la propreté et du confort; l'agrément des façades et leur variété, l'avancée de l'entrée et de

(1) Il faut étendre cette remarque et ce regret à M. Auriol, ainsi qu'à tout le groupe d'artistes nouveaux, qui avaient bien mérité de l'art décoratif et dont l'Exposition universelle de 1900 laissait ignorer le rôle dans l'école contemporaine, l'existence même : MM. de Toulouse-Lautrec, Gauguin, Émile Bernard, Maurice Denis, Vuillard, Bonnard, Ranson, Roussel, Sérusier et Vallotton.

la *bow-window*, l'union de la brique et du bois, la sculpture des pignons annoncent une recherche qui équivaut à la reconnaissance des droits de l'ouvrier à la Beauté. On ne s'étonne pas que tel progrès vienne à se produire dans la Grande-Bretagne, où il était en quelque sorte provoqué par un culte héréditaire du foyer domestique. Le trait avait dès longtemps frappé Paul Sédille : « L'existence du travailleur, a-t-il remarqué (1), est géné-

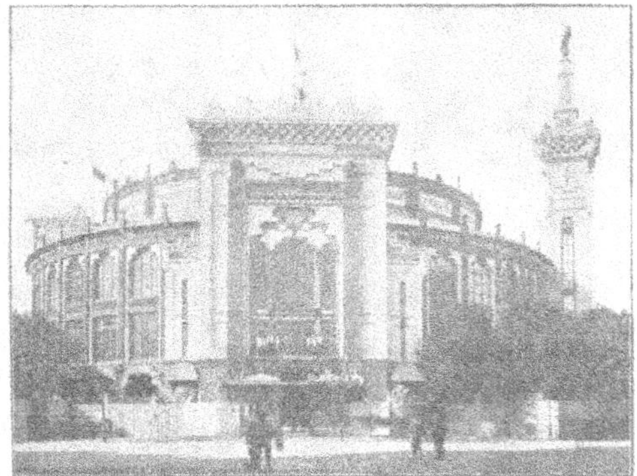

LE PAVILLON DE MADAGASCAR, PAR M. JULLY.

ralement plus dignement entourée et assurée en Angleterre que chez nous... ; le plus pauvre apporte à la tenue de son intérieur, du *home*, un certain sentiment de *respectability* peu connu dans nos campagnes et nos classes ouvrières. » Paul Sédille eût trouvé dans le cottage de Port-Sunlight la confirmation des espérances qu'il fonda, parmi les premiers, sur la moderne architecture anglaise ; et, vraiment, quelles destinées ne lui

(1) *Gazette des Beaux-Arts*, 2e pér., t. XXV, p. 27[illegible].

semblent pas promises, à la voir ainsi s'assouplir, se faire la servante docile des aspirations, et suivre, logiquement, dans une évolution parallèle, la loi des transformations économiques et sociales?

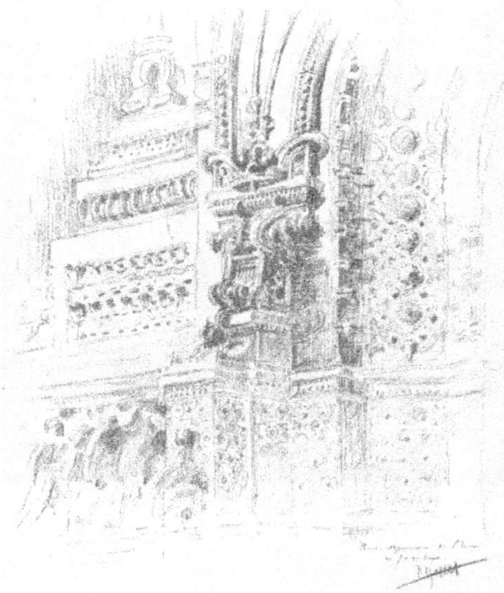

AMORTISSEMENT DE L'ARC DE FAÇADE DE LA PORTE MONUMENTALE
(Dessin de M. René Binet.)

La conquête de Madagascar aura, par contre-coup, favorisé les indications utiles à l'architecte en quête de rénovation. Non pas que l'île possède des monuments originaux; mais les différentes invasions qu'elle a subies ont chacune laissé là-bas de visibles traces, les civilisations s'y sont superposées, et c'est cette « superposition » qu'a faite sensible au regard M. Jully. Édifié sur le bassin du Trocadéro (dont l'excavation fut ingénieusement utilisée), le bâtiment de la colonie épouse la disposition circulaire imposée par la configuration du terrain; les habitations de la côte malgache

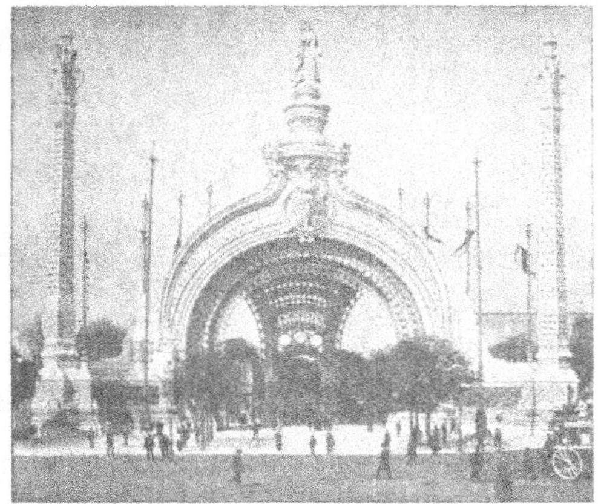

LA PORTE MONUMENTALE, PAR M. RENÉ BINET

ont inspiré la construction, celles de l'intérieur le décor; les têtes de négresses échevelées émergeant d'une corne de bœuf, qui se trouvent placées à l'angle des corniches à pendentifs ou qui forment consoles, sont d'origine polynésienne et rappellent les amulettes en usage chez les Sakalaves; l'ornementation géométrique des pilastres, empruntée aux portes du Betsileo, de même que le mascaret au-dessus duquel plane l'épervier (*voromahery*), emblème de la royauté hova, relèvent du style arabe-persique, et au style indien appartient le couronnement quintilobé des baies élancées qui ajourent le cirque sur toute sa circonférence. Le caractère malgache est encore accusé par maint détail amusant : ainsi, les médaillons alternés de singes makis et de caméléons, entourés de feuilles de bananiers et de fougères arborescentes, qui s'insèrent dans l'intervalle des arcades ; ainsi, les portes de village, composées d'une sorte de meule géante roulant entre deux roches dressées ; ainsi, les rampes douces qui tiennent lieu d'escalier ; ainsi, les grelots suspendus au bord du toit, comme des gouttelettes d'argent, à l'instar de ceux que montre, dans la capitale de l'Imerina, la maison jadis occupée par Radama Ier, fondateur de la suprématie hova... Le merveilleux est l'art avec lequel ces éléments disparates ont été mis en œuvre, groupés, combinés. La qualité des proportions, le mâle prestige des trois porches en avant-corps, la séduction de la polychromie qui unit le jaune paille au chamois et au gris fer, achèvent de donner à l'ensemble une véritable grandeur, qui pourtant se tempère de légèreté, de grâce presque.

D'Eugène Delacroix à Claude Monet, la peinture française n'a pas cessé de bénéficier du recul de nos frontières jusqu'au Sahara et de l'entrée ainsi ouverte sur l'Orient. Il ne saurait en aller différemment pour l'architecture. Les suggestions de l'art musulman ne paraissent point étrangères au style de la porte monumentale, flanquée de mâts-minarets, et on la croirait volontiers imaginée par quelque conteur des *Mille et une Nuits* lorsque le soir elle tend, à travers les ténèbres, son diadème lumineux d'améthystes et d'émeraudes. Pourtant la réalité seule en a fourni sinon la conception, du moins l'ordonnance. Cela a été depuis des années la passion de M. René Binet de fréquenter le Muséum, de s'abstraire dans une étude enthousiaste des corps vivants ou bruts ; il a lu l'admirable *Philosophie de la paléontologie* de M. Gaudry ; il a épié les lois du transformisme et noté comment, chez les êtres inférieurs, les règnes naturels se rejoignent et se confondent ; enfin et surtout, il s'est rencontré avec Haeckel (1) pour

(1) Haeckel, *Kunstformen der Natur*. Leipzig, Bibliographisches Institut, 1904.

découvrir quel trésor insondable de formes et de décors présente l'organisme des infiniments petits. Vous retrouverez dans telle cyttoïdée l'arc de la porte, dans tel acanthomètre le motif de la grille des échevins. Toute une évolution peut dater de ces applications de la micrographie, et n'est-il pas juste que le domaine de l'art s'agrandisse à mesure que s'accroît la puissance des moyens d'investigation offerts à l'homme (1)? Que l'on ne

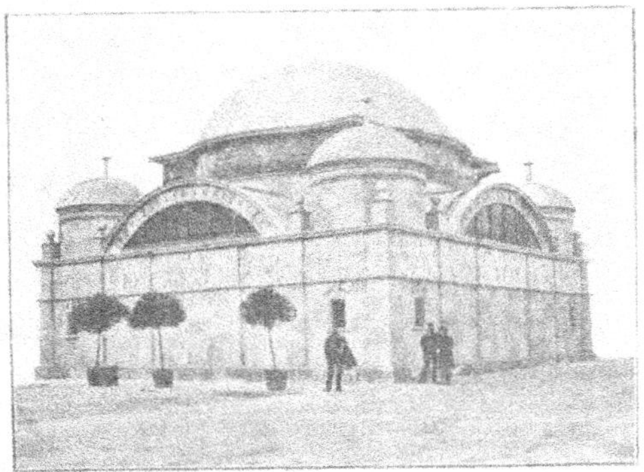

PAVILLON DE LA « PENINSULAR AND ORIENTAL STEAM-SHIP COMPANY »
CONSTRUIT SUR LES PLANS DE M. COLCUTT ET DÉCORÉ PAR MM. JENKINS ET MOIRA

confine donc pas M. René Binet dans un étroit réseau de méditations exclusives; autrement étendu est l'horizon de ses curiosités; s'il a su faire son profit de ses voyages, de ses missions, de ses séjours aux pays mau-

(1) L'art doit utiliser le progrès de la science. Les plus récentes découvertes ont initié au saisissant intérêt de la vie sous-marine; le fond de l'océan montre à qui le veut étudier des aspects aussi variés, aussi contrastés que la surface des continents; il a, lui aussi, ses plateaux, ses montagnes, ses volcans, ses prairies. La végétation des régions littorale ou pélagique est luxuriante à miracle; dans la région des abîmes, la dernière sondée, on trouve des mollusques, des crustacés, des échinodermes, toute une faune ignorée, d'une beauté mystérieuse et qui peut fournir au décorateur des thèmes d'inspiration inédits.

resques, algériens, tunisiens, c'est sans jamais verser dans le pastiche, en visant à s'assimiler librement de simples principes d'ornemanisation.

Le goût anglais a dès longtemps éprouvé la vertu du contact permanent avec les Indes et le Levant. Il y a comme un ressouvenir du système constructif des mosquées dans le pavillon, de décoration parfaitement originale et homogène, dont M. Colcutt a dressé les plans pour la *Peninsular and Oriental Steamship Company*. Au-dessus du dais clair des murs pleins, sur chaque face, s'arc-boute le cintre des baies pourvoyeuses de lumière; quatre tourelles basses, à toitures curvilignes, marquent les angles; au centre, une vaste coupole, légèrement surélevée, arrondit son dôme; il est ceint d'une frise modelée et teintée : un panorama de l'Océan, avec des navires aux cheminées empanachées de fumées, qui filent à travers le vol des mouettes et fendent, rigides, les remous et les ondoiements de la vague bleue. Plus bas, entre les pilastres, une suite ininterrompue de bas-reliefs à sujets allégoriques ou épisodiques montre les phases de la navigation à travers les âges. Toutes ces sculptures, qui ont M. F. Lynn Jenkins pour auteur, sont traitées avec un tact délicat, en proscrivant les saillies violentes dont le cadre s'accommoderait mal. A l'intérieur, les convenances de l'emplacement ont déterminé, dans les compositions de M. Gerald Moira, la répartition des masses et les volutes de l'arabesque; l'exécution souple, large, comme il sied à la peinture murale, met en valeur le charme et l'abondance d'une imagination à la Besnard; par de poétiques fictions, M. Moira a symbolisé la puissance des vents, le cours des astres propices au marin, puis les forces ennemies, les périls redoutés, le roc, le brouillard, les courants.

Il n'est d'ornementation valable que celle qui semble née de l'architecture et former corps avec elle. De la même inspiration doivent jaillir l'idée de la construction et le principe de son décor. Mieux vaut mille fois la muraille nue que la superfétation des plus insupportables placages. Le maître de l'œuvre ne justifiera l'association des talents que s'il peut en orienter l'essor et les astreindre à la règle d'une loi fraternelle. Le palais des Forêts, Chasse, Pêche et Cueillettes présage cette soumission nécessaire et l'entente entre les artistes conviés à l'embellir. Il est d'une rusticité

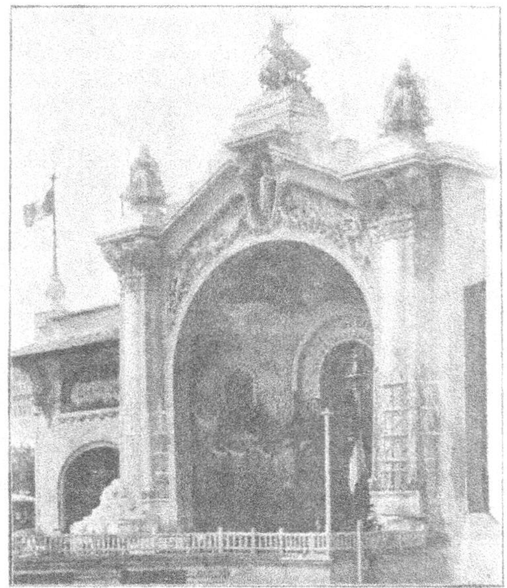

LE PALAIS DES FORÊTS, CHASSE, PÊCHE ET CUEILLETTES, PAR M. TRONCHET
(Façade sur le Champ-de-Mars)

charmante et inattendue avec ses auvents aux tuiles de couleur, avec l'encapuchonnement des toitures d'angles et la *bousculade* des escaliers. Sa façade principale, où la saillie de l'avant-corps et le retrait de la voûte se répondent, se balancent, allie à souhait des arts et des techniques dissemblables. L'honneur n'est pas banal, pour l'architecte, d'être parvenu à une discipline d'autant plus méritoire que ses collaborateurs étaient plus nombreux : à M. Auburtin est due la peinture du seuil ; à M. Georges Gardet le groupe du *Cerf à l'hallali* qui surmonte le faîte ; à M. Jean Baffier le haut-relief de la *Chasse* inscrit dans le tympan ; à M. Badin la statue du *Génie de la forêt* nichée dans l'axe de la porte ; à M. Roger Bloche les chapiteaux si curieux et si neufs, faits de bisons pris au *lasso* et affrontés, qui couronnent les pylônes de l'entrée. Malgré la diversité des concours, aucun heurt, aucune discordance ; je ne nie pas que l'unité décorative ne s'obtienne plus aisément avec la faune qu'avec la figure humaine ; il n'en reste pas moins acquis que l'apport de chacun sut à la fois remplir la fonction spéciale qui lui était dévolue et se subordonner à l'ensemble. Au total, la réussite, très certaine, vient de l'ardeur inventive et bien équilibrée de M. Tronchet, de son autorité sur ses collaborateurs, de leur oubli de soi-même, de la convergence de tous les efforts en vue de la fin commune.

Le théâtre que M. Henri Sauvage a imaginé pour miss Loïe Fuller montre le plâtre modelé devenant le vêtement ajusté de la charpente et l'enveloppant dans son entier. Très opportunément, le thème ornemental a été déduit de l'art de Loïe Fuller, de cet art dérobé, semble-t-il, à l'antiquité. Contre la paroi, une ample draperie se tend, se crispe, se soulève pour ouvrir l'accès, puis laisse retomber et s'épandre ses plis sinueux, dont les bords, tuyautés au ras du sol, se hérissent aux angles et s'y tordent en spirales

Qui montent dans l'azur comme des floraisons.

Ces voiles frissonnants attiennent à deux figures en bas-relief, placées à l'orée du seuil, et qui sont de vivantes images de la géniale ballerine dans l'action *même* de sa danse. Tandis que la plupart, hypnotisés par la jouissance immédiate du ton, ne percevaient du spectacle que la diaprure prismatique. M. Pierre Roche, auteur de ces ondoyantes cariatides, a su

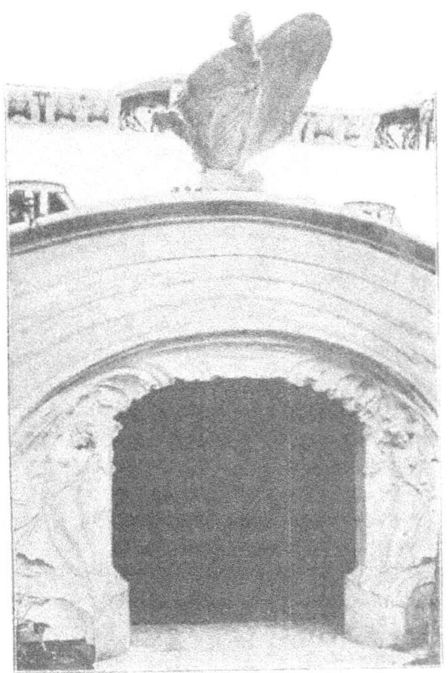

LE THÉÂTRE DE MISS LOÏE FULLER,
PAR MM. H. SAUVAGE, ARCHITECTE, ET PIERRE ROCHE, SCULPTEUR.

discerner et rendre le jeu souple des flexions, des cambrures et des gira-
tions, l'envol des tissus tourbillonnant en volutes et suscitant l'illusion des

plus délicieux mirages. Quelle compréhension de l'admirable modèle s'atteste encore dans cette statue qui domine l'entrée et dont l'élan est si entraînant qu'on dirait d'elle un grand oiseau battant l'air de ses ailes et prenant son vol!

J'aime cette plastique expressive du corps et de la draperie unis dans le rythme du geste; les Grecs n'y consent pas contredit, à en juger d'après la *Victoire de Samothrace*, et l'atticisme affiné de M. Pierre Roche à point se vérifie. Son cas est anormal. Dans l'orgie statuaire dont l'Exposition de 1900 a été le prétexte, combien l'adresse de main l'emporte sur l'invention, combien aussi paraît oblitéré le sens des convenances et de la statique particulières à la sculpture achitecturale! Mettez à part certaine figure du pont Alexandre par M. Gustave Michel, un ou deux groupes du Château d'eau, à peine quelques entreprises appellent, par leur originalité, la consécration du souvenir : le fronton de M. Rivière Théodore (*Les Mineurs*) pour l'Exposition souterraine; les hauts-reliefs en exhèdre de M. Guillot à la Porte monumentale (*Le Travail*), et la frise dont M. Allar a rehaussé, à son faîte, le palais du Génie civil. Tandis que M. Guillot bénéficiait de l'avantage d'un emplacement exceptionnel, à l'entrée même de l'Exposition, et qu'on s'honorait à célébrer l'esprit de fraternité sociale et l'élan qui anime son cortège ouvrier, le long défilé de M. Allar, perdu dans les hauteurs, hors presque de la portée du regard, n'obtenait, malgré son intérêt, qu'une sympathie mesurée, qu'une attention insuffisante. Pour rappeler ce que furent les communications, les voyages par terre, par eau, à travers les airs, depuis l'âge de la pierre jusqu'au siècle de l'automobile, depuis le temps des primitives caravanes jusqu'à celui des ballons dirigeables, pour mettre en scène la vie extérieure des peuples du Nord ou de l'Orient, de jadis ou d'aujourd'hui, et douer ces représentations de mouvement, de vraisemblance, de variété, que de facultés étaient cependant requises! et la richesse de l'imagination, l'aisance du métier, sont-elles donc si répandues qu'il n'y ait plus à s'applaudir de les rencontrer réunies? Seul, un artiste français pouvait improviser, comme en se jouant, cette illustration « aux cent actes divers », d'un bout à l'autre égale dans sa tenue, son pittoresque et son entrain.

La veine nationale d'humour, la voici, de son côté, rouverte. Autour

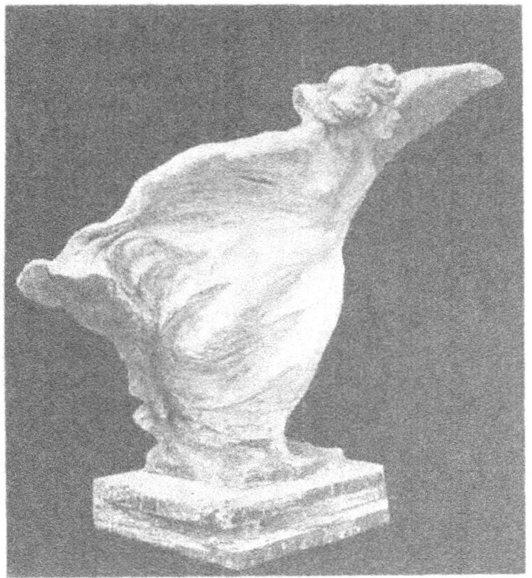

MISS LOIE FULLER, STATUE PAR M. PIERRE ROCHE
[illegible]

de la laiterie de M. René Binet, M. Jean Veber, devenu modeleur, s'est plu à faire courir une farandole de fillettes et de garçons du plus réjouissant effet ; à leurs ébats préside, madone profane, impassible et grave, une nourrice bien en point, dont deux poupons assiègent goulûment les puissantes mamelles; car l'ironiste ne désarme pas et la satire perce très vive sous l'amusante notation des mines et des grimaces de l'enfance. Cette figuration en plâtre polychromé n'est pas le seul trait d'esprit de la laiterie; elle n'en constitue pas l'unique ornement non plus : sur la blanche façade qui étage très haut la succession de ses paliers en retrait, s'encastrent des peintures (de M. Bourget), des silhouettes de chats découpés dans le bois d'après les modèles de M. Steinlen; les seaux et les brocs de cuivre bordent les balcons d'une ceinture étincelante; plus haut, d'immenses jarres débordent, et à leurs lèvres les coulures crémeuses se dentellent et se figent; sous le pignon, des chèvres blanches, postées à chaque coin, interrogent l'horizon, en proie au vertige, et l'on croirait entendre leur bêlement désespéré. Sans contredit, il ne sied d'attacher à la laiterie de M. Binet que le prix d'une fantaisie enjouée; pourtant l'exemple était à signaler; il établit que, même en fait d'architecture, l'esprit peut ne pas perdre ses droits. M. Fischer l'entend bien ainsi; considérez plutôt sa boulangerie hongroise : le corps principal, qui n'a qu'un étage, est percé, au niveau du sol, de fenêtres basses, demi-circulaires; entre chacune d'elles une gerbe, sculptée sur le mur, s'épanouit en éventail; la partie supérieure de la paroi disparaît sous une frise (peinte par M. Barsy) où s'avancent processionnellement, d'un pas égal, à intervalles réguliers, dans une pose identique, des marmitons de blanc coiffés et vêtus, présentant des gateaux comme des offrandes; la théorie se profile sur un fond armorié de sacs de blé et d'épis courbés, et de nouveau on ne résiste point à l'attrait qui naît d'un plan bien conçu et d'un décor tiré, dans toutes ses parties, avec la même rigueur, de la destination même de l'ouvrage.

Dans les Expositions universelles, l'architecture des établissements de consommation n'est jamais négligeable : elle offre des éléments précieux d'imprévu, de distraction et de remarques. C'est qu'en l'occurrence les dons de l'inventeur peuvent se donner libre carrière. L'originalité n'est plus répudiée et honnie. Bien au contraire, on en escompte l'attirance; on

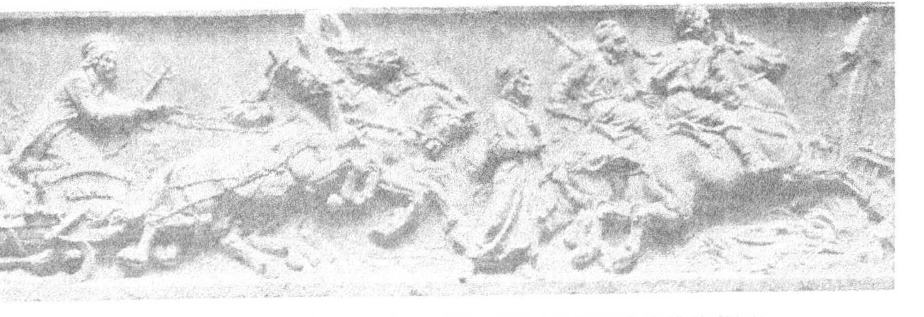

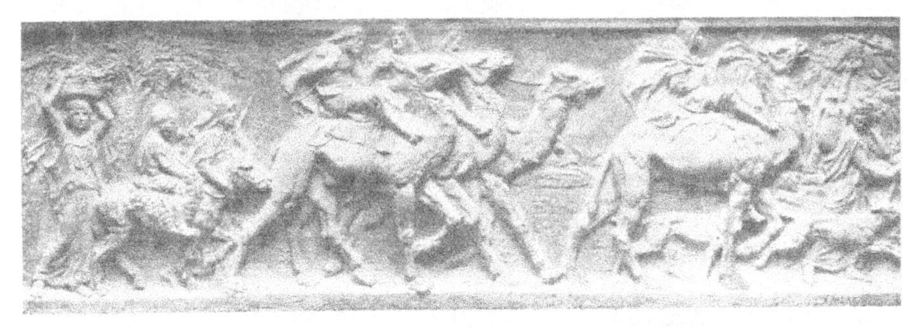

[illegible] PALAIS DU GÉNIE CIVIL ET DES MOYENS DE TRANSPORT, PAR M. ALLAR (FRAGMENTS)

sollicite d'elle l'invite utile au passant. Avec une émulation inconnue, les meilleurs talents se sont piqués de capter par les séductions de l'art la faveur de la vogue. Le désir d'innover, chez tous aussi pressant, s'est traduit sous des dehors qui varient et gardent, pour notre joie, la franche saveur des accents de terroir. Un restaurant se présente, d'aspect léger, élégant, aérien, avec sa vérandah circulaire du premier étage, avec la courbe heureuse de ses angles arrondis et l'ajourage capricieux de ses baies irrégulières; elles s'encadrent dans des moulures sinueuses et fleuries où pendent des rubans dénoués et qu'interrompent des mascarons à tête de femme moderne très parée : c'en est assez pour faire reconnaître le style viennois et le goût d'une capitale sise à mi-chemin entre Paris et l'Orient. On trouvait dans le restaurant allemand moins de raffinement et plus d'ampleur, une robustesse qui aisément s'alourdit, de massives boiseries sculptées, des plafonds à armoiries éclatantes, des murs enluminés côte à côte de treilles ployant sous le faix des grappes et de médaillons de musiciens inscrits dans des rinceaux pesants : par là (mieux que par les aménagements intérieurs d'une ordonnance châtiée, quasi autrichienne) se témoigne la fidélité de M. Möhring à l'idéal et aux us teutoniques (1).

Le « Pavillon bleu » ne laisse pas de séduire par le chatoiement d'une couleur dominante, par le parti de la charpente visible ; il est comme encerclé dans de fines poutrelles équarries, qui fusent et s'infléchissent en se raccordant aux traverses du faîte. Est-ce à cause du système surplombant — le pavillon est plus large à l'étage qu'à sa base — ou bien en raison des ouvertures pratiquées, sans interruption presque, sur toutes les faces? le « Pavillon bleu » fait songer à une construction flottante, à deux salles de paquebots superposées; puis, bien que M. Serrurier n'intervienne que comme collaborateur de M. Dulong, et pour la partie ornementale seulement, l'ensemble paraît un compromis entre l'art de Belgique et celui de

(1) Aux Invalides, le pittoresque bâtiment à tourelle destiné aux Industries diverses, et, près de la Tour Eiffel, le pavillon de la Marine allemande, avec son entrée curieusement décorée et la saillie extérieure de son escalier, montrent encore le traditionnalisme allemand modernisé d'heureuse façon.

Paris. Tout en s'inspirant du même principe, en souhaitant l'ossature apparente et la lumière répandue à profusion, M. Tronchet a affirmé dans

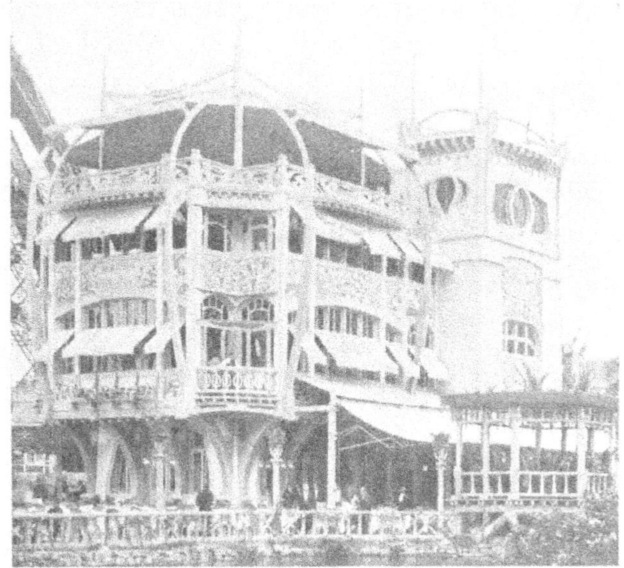

LE PAVILLON BLEU
M. G. Dulong, architecte.

le cabaret de la Belle Meunière des qualités de pondération plus purement françaises; il plaît de retrouver dans l'inventeur de ce cabaret l'architecte du palais des Pêches; des deux côtés du pont d'Iéna, les constructions se regardent, se répondent; elles diffèrent par la conception, par l'aspect comme par le but ; mais, à les envelopper dans un regard, en remontant du signe à l'idée, il est aisé de constater une identité de vues et de logique, un rationalisme indépendant et progressiste du plus favorable augure.

Cette architecture légère, dont la matière ligneuse fournit à la fois le principe et l'ornement, est aussi celle des pavillons d'un goût tout personnel que M. Lucien Roy a édifiés, l'un pour les Chambres de Commerce, l'autre à l'intention des Messageries maritimes (le porche et le comble du dernier ont l'attrait d'une véritable trouvaille); elle est, comme de juste, celle des passerelles, vertes, bleues, blanches, sur la balustrade desquelles le caprice de M. Charles Gautier, de M. Mewes, a jeté des coqs, des paons au plumage ocellé, des têtes de divinités marines; dans des planches de sapin sont découpés les motifs en point d'interrogation par lesquels M. Colin a marqué l'entrée du quai d'Orsay; et le bois formait encore la carcasse des baraques foraines de la rue de Paris, le support des frises à grotesques de M. Guillaume et de M. Métivet, des toiles de M. Bellery-Desfontaines (théâtre des Auteurs gais), de M. Lucien Gros (Roulotte), de MM. Ibels, Francis Jourdain et Jacques Villon (Fantoches Holden). Gardons-nous de tout scepticisme vain : partout il y a œuvre intéressante à faire, et nul n'a oublié que, dans ce genre même, Henri de Toulouse-Lautrec laissa, voici quelques années, un modèle fameux — d'ailleurs inégalé.

La peinture, ce moyen d'embellissement rapide et approprié à une Exposition, comment s'est-elle trouvée utilisée? D'assez méchante façon, pour parler net. Sa patrie d'élection offrait le spectacle d'une irrémédiable décadence, et les enluminures dont on avait déparé le palais de l'Italie suggéraient la hantise des vulgaires chromolithographies à fond d'or. L'aventure fut aussi hasardeuse de placer aux Invalides, à l'air libre, sur le mur d'une blancheur inexorable, des tableaux brossés à l'atelier, qui, tous ou bien peu s'en faut, ne présentaient ni les gammes, ni l'ambiance, ni la facture requises pour s'incorporer à l'architecture. En l'occurrence, la fresque seule pouvait agréer, et si M. Marcel Ruty s'est tiré sans dommage de ce pas difficile, c'est que sa manière simulait les matités, c'est que son

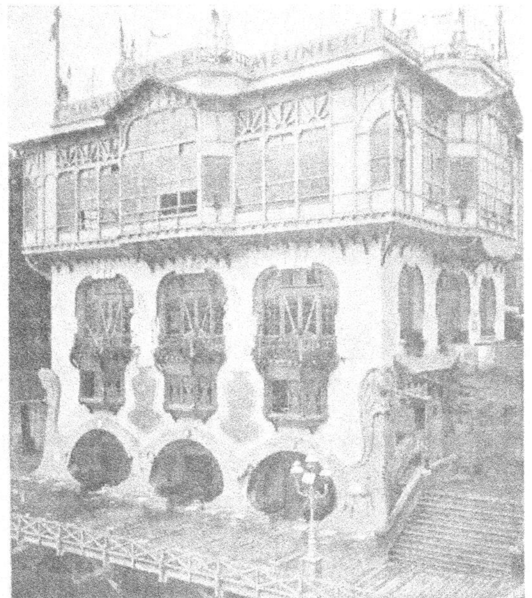

[illegible]

travail donnait l'illusion d'avoir été enlevé sur place, avec le respect voulu des conditions d'éclairage, de milieu. Les improvisateurs aptes à illustrer un mur ne font pas défaut; les maîtres de l'affiche eussent triomphé dans une pareille tâche; ils ont, dès longtemps, expérimenté les lois de la décoration de plein air; ils en connaissent l'optique spéciale et les simplifications obligées. Je ne fais point un cas exagéré des peintures qui se voient aux pavillons de la Marine (M. Becker) et de l'Empire allemands (M. Bohland) ou des Armées belges (M. E. Jaspar); au moins la technique en est-elle convenable. A la Porte monumentale, M. Bellery-Desfontaines se montre, comme à l'ordinaire, instruit des règles de son art, et, sur tous, M. de Feure — « affichiste » à ses heures — l'emporte dans la suite de ses panneaux encastrés sur les façades du pavillon de M. S. Bing. Un nouveau Beardsley nous est rendu, qui prête au corps de la femme l'élancement, la fragilité de la fleur, qui dégage du calice des jupes la sveltesse des torses flexibles, et anime les parterres d'ondoyantes et graciles figures, à la démarche lente, hiératique presque.

Une époque que préoccupe l'esthétique de la rue, qui veut l'entour de l'art pour le geste de la vie publique, eût mérité de rencontrer une expression moins incomplète de recherches que s'était honorée à provoquer, dès le milieu du siècle, l'initiative devancière de Proudhon et d'Alexandre de Laborde (1). Les formes, les couleurs composent un répertoire illimité; elles se varient en jeux infinis, inattendus que provoquent à plaisir l'utilisation de telle matière, la découverte ou la remise en honneur de certaine technique. Pour établir les emplois divers que peut recevoir l'ardoise, M. Choupay a imaginé une construction terminée, dans sa largeur, par deux demi-rotondes, et dont le comble s'agrémente de lucarnes, de clochetons tantôt à arêtes vives et à auvents superposés, tantôt arrondis en bulbe, comme certains clochers d'églises autrichiennes. La démonstration est d'une évidence convaincante et les voies suivies pour y atteindre sont de la plus absolue, de la plus passionnante originalité. Que l'Exposition n'a-t-elle éveillé l'idée du pittoresque promis par les applications toujours

(1) Voir le comte de Laborde : *Du maintien du goût public par les embellissements de la voie publique*, 1856. Proudhon : *Du principe de l'Art et de sa destination nationale*, 1865 (ch. XXIII).

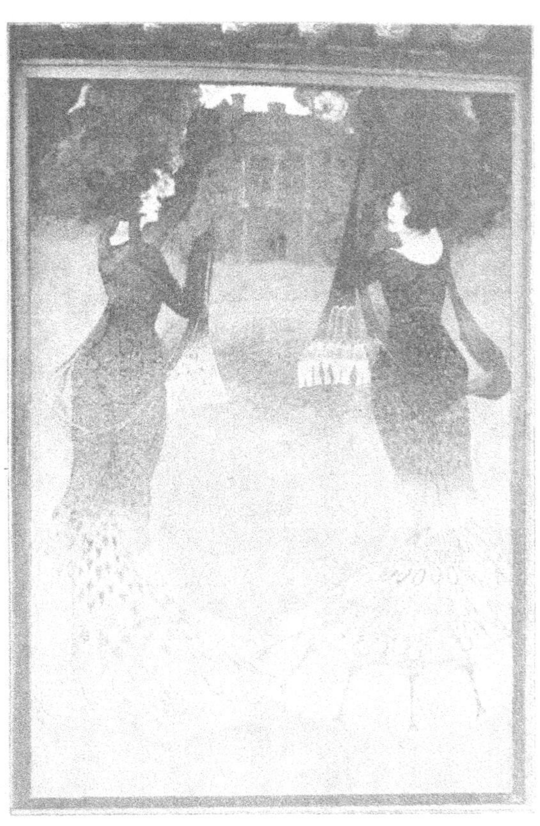

plus significatives de la céramique à la construction! L'heureuse réminiscence de l'église Saint-Théodore d'Athènes qu'est le pavillon grec de M. Lucien Magne pouvait bien rééditer, avec le concours fidèle de M. Loebnitz, cette association de la terre cuite et de la faïence émaillée que M. Formigé (1) nous apprit naguère à aimer; au passage, çà et là, un parapet de pont, le kiosque des Tabacs roumains, la fontaine de la manufacture de Sèvres et le fragment de son palais projeté, les revêtements de MM. Muller, Utzschneider, trouvaient à intéresser, et de MM. Janin et Guérineau chacun prisa fort la grotte spacieuse, composée par le très artiste architecte M. Provensal; sauf cette exception, sauf la paroi de M. A. Bigot (2), lequel a rang d'initiateur et de maître, point d'entreprise de quelque importance, point de devanture, point de pavillon érigeant dans l'air sa façade tout en grès. Pour la pierre de verre, même déception. J'accorde qu'il est beau d'avoir trouvé un granit artificiel capable d'épouser toutes les formes, de prendre toutes les nuances; mais comment apprécier la rénovation présagée à l'aspect de nos demeures, en l'absence d'aucun exemple typique? A grand'peine découvrait-on aux Invalides avec quel succès M. Heaton, de

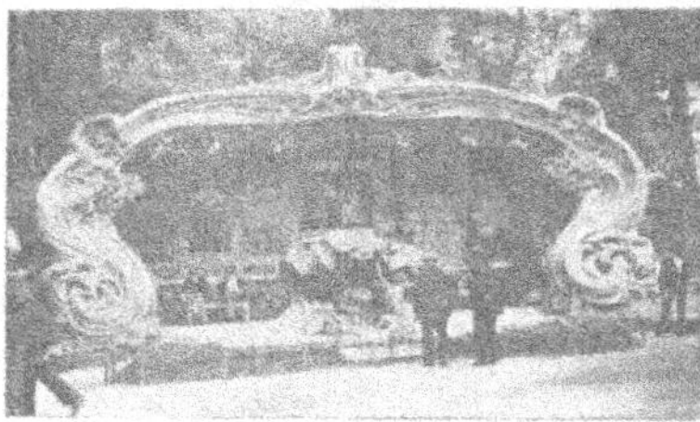

PAVILLON DE LA CÉRAMIQUE, PAR MM. JANIN ET GUÉRINEAU
(M. Provensal architecte)

(1) M. Formigé intervenait à l'Exposition de 1900 comme auteur du pavillon et du restaurant roumains. Pour le pavillon, M. Formigé avait emprunté les éléments de la construction à trois chefs-d'œuvre de l'art byzantin : la cathédrale de Courtea d'Ardjesh, l'église des Trois Hyérarques d'Iassi et le monastère d'Horez. Le restaurant, rouge et blanc, de proportions très harmonieuses, était une adaptation plutôt qu'une copie des anciennes maisons de campagne roumaines.

(2) Voir, sur l'exposition de M. Bigot, p. 160.

Neuchâtel, et M. Bergmann, de Gaggenau, s'entendaient à faire jouer à l'air, sur le bois, le plâtre ou la meulière, la note éclatante et vive des émaux métalliques cloisonnés et peints. Il n'est pas jusqu'à l'application au pochoir d'un décor en ciment rose sur le mur gris qui n'eût réclamé un essai moins timide et une relégation moins humiliante. Le procédé, qui promet des effets heureux et durables, est simple, expéditif, il sollicite l'attention de ceux que n'intéresse pas le seul luxe des architectures officielles et des immeubles de rapport, mais qui convoitent pour le regard las du labeur et pour les maisons du peuple l'assistance de la beauté.

LE PAVILLON DE LA NORVÈGE, PAR M. SINDING-LARSEN
Dessin de [illegible]

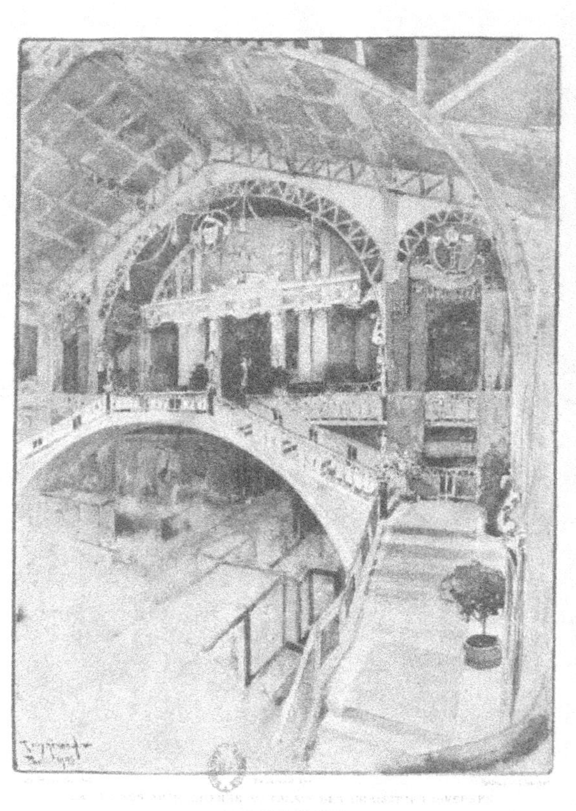

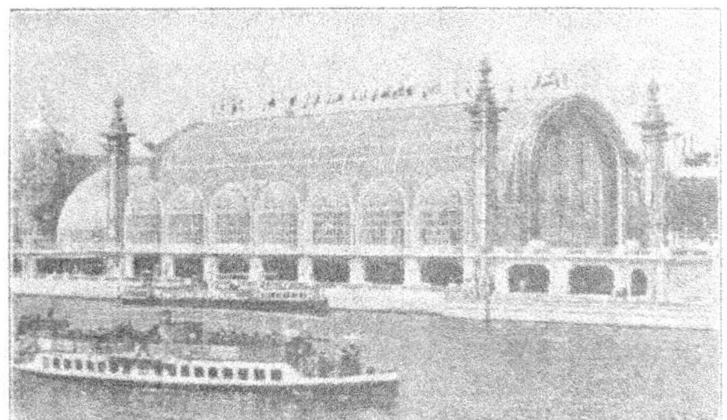

SERRES DE LA VILLE DE PARIS, PAR M. CH. A. GAUTIER

II

LA DÉCORATION INTÉRIEURE

Il faut se garder de juger l'état de l'architecture après une simple promenade à l'entour des monuments; sans quoi l'Exposition ne résisterait pas au parallèle avec son aînée de 1889. Déjà nous avons regretté de ne rien rencontrer au Champ-de-Mars et aux Invalides qui fût comparable, pour l'intérêt et l'originalité, aux anciens palais de M. Formigé; moins aisée à jeter bas, la Galerie des Machines leur a survécu et elle prend le sens d'une protestation. Depuis l'œuvre grandiose de M. Dutert, quelque progrès s'est sans doute accompli dans l'emploi du fer comme élément de construction; je n'estime pas qu'on en puisse prendre ici conscience. Quoi de plus brutal, de plus malencontreux, que le raccord à angle droit de la maçonnerie et du faîtage métallique, au porche principal du Grand Palais avec le lourd cintre qui l'écrase, ce portique de temple se termine en façade de gare. Il y a mieux à dire du pont Alexandre, mieux des serres à absidioles de M. Charles Gautier, mieux encore du pavillon du Creusot, auquel M. Bonnier a donné l'apparence d'une coupole blindée peinte en minium : voilà d'excellent symbolisme, d'emblée saisissable, très apte à frapper le passant, à l'édifier sur le rôle prépondérant de la métallurgie et à fixer chez lui le souvenir des appareils, des engins formidables de la défense moderne. Tant d'originalité confirme que la création de M. Bonnier ne saurait intervenir qu'en manière d'exception. Pour reconnaître où l'effort des architectes s'est dépensé avec le plus de succès, il faut dépasser le seuil, observer le souci fréquent d'une présentation artiste et retenir l'importance sans précédent qu'ont prise, dans cette Exposition, les aménagements intérieurs, les installations.

Ce luxe nouveau est un premier signe, une première conséquence du mouvement qui, vers la fin du XIXe siècle, a rapproché tous les arts, en les portant à tendre vers un but d'application. Les architectes doivent à cette orientation des activités d'avoir recouvré quelque chose de leur prééminence d'antan ; ils s'étaient peu à peu désintéressés de la parure intérieure, semblaient ne plus daigner y condescendre, au mépris de tant d'exemples historiques ; quelque lumière s'est faite maintenant dans leur esprit ; l'obligation s'est imposée à eux de ressaisir leur autorité intégrale, d'affirmer au dedans comme au dehors, dans l'ensemble et dans le détail, l'unité de la conception et la suprématie du maître de l'œuvre ; ils se sont institués décorateurs, et peut-être est-ce à ce titre que leur participation se trouve avoir le plus glorieusement marqué.

Ainsi, les leçons de Paul Sédille ne sont pas demeurées lettre morte. Il ne suffit plus à l'architecte d'assurer un abri tutélaire et une mise en évidence favorable ; ce n'est plus assez pour lui de tendre un velum historié, de développer une frise ou de couvrir le sol d'un tapis de haute laine ; il aspire à composer un cadre pourvu d'art, de signification, de caractère, un cadre qui constitue une création en soi et qui souvent séduit bien davantage que ce qu'il a mission de faire valoir. Grâce à ces recherches, la physionomie intime de l'Exposition gagnait en pittoresque, offrant la

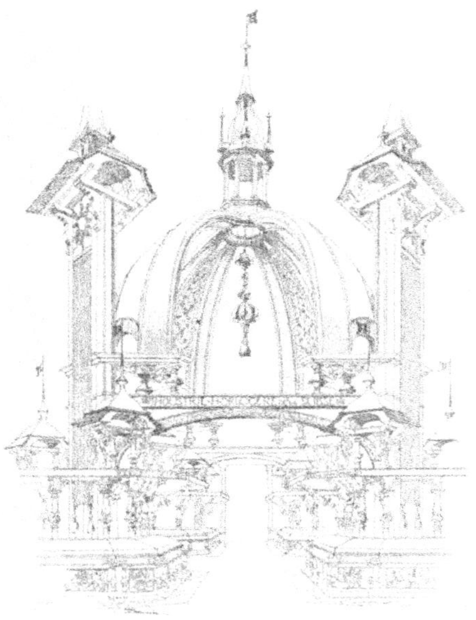

INSTALLATION [illegible]
([illegible])

succession d'amusants contrastes. Telle nation attestait partout sa présence par un type de présentation identique ; celle-là, au contraire, s'ingéniait à varier ces types, à les approprier à la nature du produit exhibé. L'Italie seule restait indifférente à cette convoitise de beauté, que certains pays ne savent point satisfaire, que d'autres laissent à peine soupçonner. L'Amérique, l'Angleterre, conservent aux architectures éphémères la solennité, l'aspect régulier et froid des boutiques et des rues de Londres et de New-York. Sans le pavillon des Armes, nul ne se fût douté de la part dévolue à la Belgique dans la rénovation mobilière. L'Espagne, la Russie n'échappaient au banal qu'en rééditant leurs anciens monuments; avec plus de discernement et moins de servilité, le Japon et la Suède obéissaient à la loi de l'indigénat, tandis que la Norvège et la Suisse rivalisaient à restaurer, à moderniser la tradition nationale; des boiseries montraient les rubans, les entrelacs, les spirales, les dragons ailés, tout le répertoire familier aux artisans anonymes qui, du XIIe au XVe siècle, fouillèrent de sculptures le portail des églises de Tuft, de Hof et de Hyllestad; M. Bouvier prolongeait parmi nous la survivance des constructeurs de chalets; sur des thèmes anciens, il a créé des motifs nouveaux, qui exaltent à souhait le particularisme du style romand. Pour la Hongrie, elle était partagée entre son attachement au passé et son désir ardent de régénération : on la voyait, tour à tour traditionnelle et initiatrice, recourir à l'art séculaire de la broderie et se plaire à marier l'éclat des cuivres aux douceurs d'un bois ouvragé teinté en réséda, ou bien encore emprisonner dans une souple armature de fer la chatoyante diaprure des verroteries cloisonnées. Tout lien apparent avec le rétrospectif semble rompu par les Pays-Bas, le Danemark, l'Allemagne et l'Autriche; chacun aimait à retrouver, à travers l'Exposition, les blanches menuiseries ajourées de la Hollande, puis les clairs portiques danois; dans la section de l'agriculture, au lieu d'un portique, c'est une clôture du plus original aspect qu'avait imaginée, pour notre joie, M. Arne Petersen, de Copenhague; autour des baies court un bas-relief de feuillage et, de chaque côté du seuil, se répondent deux sculptures : de grands bœufs fougueux, placés en regard l'un de l'autre et marquant monumentalement l'entrée. Aux Invalides, le patio de l'Allemagne, gardé par deux colossales figures équestres, ne laissait pas d'avoir grande allure; il évoquait l'idée de cette magnificence où tendent nos voisins d'outre-Rhin, avec une volonté si impérieuse qu'elle entraîne souvent le faste à choir dans la surcharge, témoin la décoration du vestibule dans le pavillon impérial, témoin celle, vraiment trop pompeuse, de la section des Beaux-arts dans le Grand Palais des Champs-Élysées.

Comment il advint à l'Autriche de l'emporter dans cette joute paci-

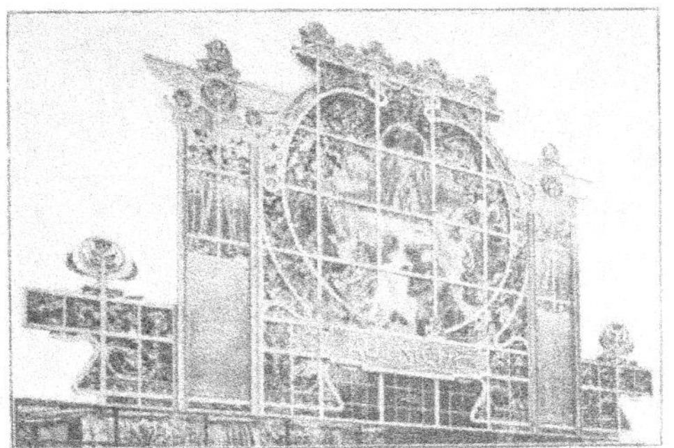

INSTALLATION AUTRICHIENNE DE LA CLASSE DES FILS, TISSUS ET VÊTEMENTS, PAR M. DECSEY

fique, la question vaudrait d'être étudiée très au long. Le résultat ne fait pas doute : entre toutes les nations, c'est elle qui réussit le mieux à satisfaire l'appétit d'inédit, elle qui sut montrer la fantaisie la plus ingénieuse et la plus abondante, la plus souple et la plus déliée. Où que l'on se dirigeât, qu'il s'agît des industries chimiques, photographiques, du cuir ou de la laine, du lin ou de la papeterie, du génie civil ou de l'horticulture, de la peinture ou des dessins, partout il y avait recherche et presque partout trouvaille; le bois prenait les tons les plus divers, se rehaussait de marqueteries, de reliefs, se plaquait de galvanoplasties; parfois il était fait appel à la matière première brute, et très heureusement. Il faudrait s'attarder, décrire une à une ces installations et en célébrer dignement les architectes : MM. Baumann, Hoffmann, Otto Wagner et Decsey; au moins voulons-nous noter quel ensemble de caractéristique et plaisant aspect offrit le hall des Industries diverses, rappeler sa clôture, son portail agrémenté de masques, surmonté de porteuses d'écussons, sa rampe que dominaient, à intervalles réguliers, des figurines nues en cuivre, de M. Schimkowitz, son escalier à double évolution aboutissant à une série de salons qui s'ouvraient sur la galerie et constituaient autant d'expositions distinctes. Comme façade à la classe des Fils et Tissus, M. Decsey dressa un mur transparent, tout en fer et vitrail : le centre en est occupé par une allégorie de l'Autriche protectrice de l'industrie (1); les éléments ornementaux sont empruntés au feuillage du mûrier, du figuier, à la plume du paon et au soleil ailé, symboles de luxe; les montures des vitrines, en acier cuivré à la pile, mêlent à cette polychromie l'éclat de leurs reflets rougeoyants et achèvent de donner à l'ensemble un prestige de somptuosité élégante.

M. Louis Bonnier avait qualité de directeur des installations; la mission lui incombait d'étudier les projets, de les approuver et d'en surveiller l'exécution. Avec un tel esprit, libre et hardi, l'invention ne courait point risque d'être bridée; tout au contraire, le goût du chef de service, son culte actif de l'originalité, étaient bien pour stimuler les talents, les inciter à se dépenser et à fuir les sentiers battus. Quel grand dommage que les architectes français aient négligé une fortune aussi rare, et mis si peu à profit le privilège de la liberté! Considérées isolément, leurs installations n'offrent plus cette persistance, cette variété de recherches, cette richesse d'inspiration si frappantes chez les Autrichiens; en revanche, celles qui tranchent sur l'ordinaire, affirment, à l'évidence, nos dons

(1) Ce carton, dû à M. Veith, a été interprété avec un plein succès par le maître verrier Carl Geyling.

signalétiques. Elles étaient dues, en grand nombre, à des affiliés de la Société Nationale des Beaux-Arts. Une collaboration fut par eux plus

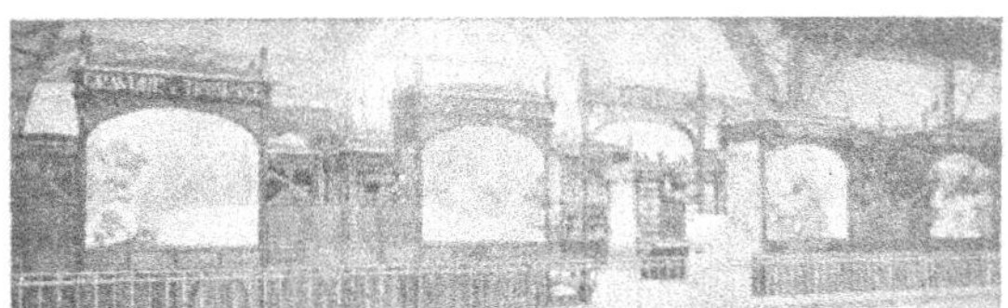

INSTALLATION DE LA CLASSE DE LA PAPETERIE, PAR M. [illegible]

d'une fois sollicitée : celle d'un décorateur aimé, connu de l'élite, que l'Exposition a mis en très belle lumière, M. Félix Aubert. A tout instant

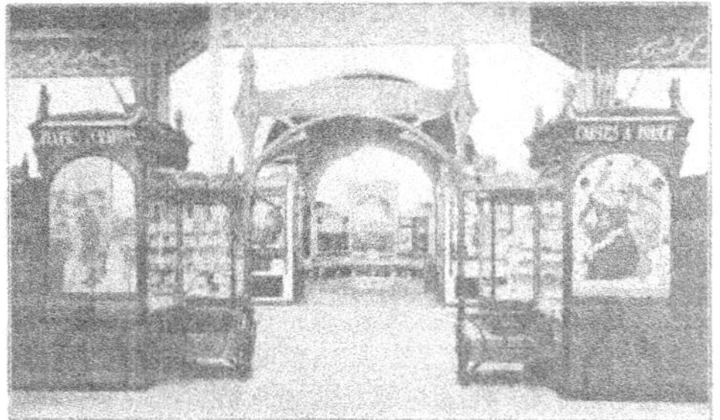

INSTALLATION DE LA CLASSE DE LA PAPETERIE, PAR M. [illegible]

et de toutes façons sa personnalité s'atteste et s'impose; elle rayonne au loin, bienfaisante, et il lui échut de seconder, avec un égal succès, l'effort de l'industriel en quête de modèles inédits et celui d'architectes dégagés des poncifs, comme M. Sorel ou M. Bénouville.

Pour grouper et sérier les produits et les travaux de la papeterie, M. Sorel avait disposé aux Invalides, le long de la trop étroite travée du premier étage comprise entre la paroi et le hall, trois salons séparés par trois ateliers et garnis de vitrines qui servaient aussi de clôture. Sur l'extérieur de ce mur de bois étaient venus s'encastrer, de distance en distance, ainsi que des affiches, des peintures tenues dans des gammes apaisées; elles s'assortissaient de la sorte aux tons de la menuiserie, laquelle avait employé l'acajou dit *tabasco* pour les montants, le tulipier pour les panneaux, le sycomore pour les inscriptions. Un attrait immédiat et très vif résultait de l'harmonie générale des nuances douces au regard; venait-on à ne pas se satisfaire de l'impression première et à pousser plus loin l'examen, il n'était rien qui ne prêtât à l'éloge. M. Sorel avait conçu pour la menuiserie un dessin partout suivi et excellent, puisqu'il engendrait la distinction robuste; hormis les peintures, l'ornementation très simple, quasi géométrique, était fournie par la matière, prise dans la matière; en dépit de cette unité apparente et voulue, des variations avaient été admises, et par toute l'Exposition je ne sais point de vitrines combinées avec autant de bonheur, de diversité et de précision, en vue de leur objet spécial.

Lorsqu'on l'a chargé d'installer la classe de la Pharmacie et celle des Cuirs, M. Bénouville s'est bien gardé de recourir aux manuels en cours d'usage et d'invoquer Vitruve. Plutôt que de se référer à cette consultation du passé où se complaisent les inventeurs indigents, il s'est demandé si l'exposition de chaque industrie ne devait pas constituer un ensemble capable d'être embrassé, isolé au premier regard, s'il n'importait pas plutôt de dégager l'effort de la collectivité que d'exalter la vanité individuelle; pour y parvenir, il a réduit à leur moindre importance les divisions qui séparent le public des exposants et les exposants entre eux; c'est ainsi que, dans le stand des machines, le métal a été choisi pour les cloisons, puis pour les barres d'appui, destinées à tenir en respect les curieux indiscrets; elles se fixent à des troncs qui s'épanouissent en gracieuses et ondoyantes ramures de fer contourné sur le plat; le cartel ou vitrail, indicateur du nom de l'exposant, s'attache à ces branches; des ballons, des

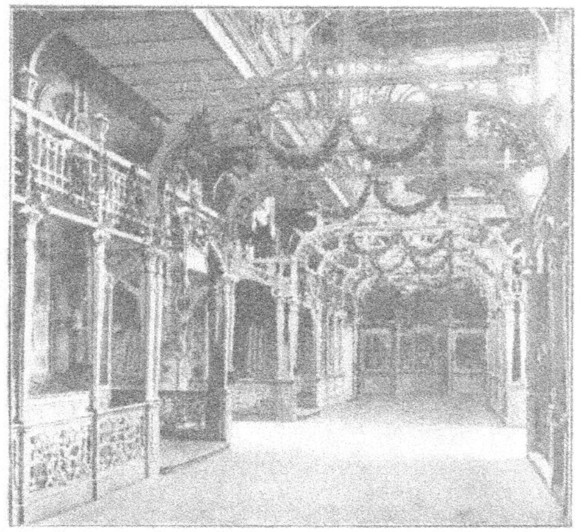

INSTALLATION DE LA CLASSE DE LA PARFUMERIE,
PAR M. FRANTZ JOURDAIN.

cornues, s'y logent, symboles de la chimie pour le profane. De même, à l'étage, les fers de couronnement des vitrines en chêne naturel et [illegible] satiné d'Amérique, donnent asile à des appareils de verre, à des coupes transparentes emplies de substances multicolores prêtes pour la manipulation. Sur les murs, deux peintures de M. Aubert; parmi une frondaison de laurier, nimbée de fumées d'usine, les noms des chimistes célèbres s'inscrivent comme dans un arbre généalogique ; en face court un large bandeau formé de cantharides et de feuilles d'oranger, — l'excitant et le calmant, d'après l'ancienne pharmacopée (1). L'esprit d'à-propos éclate aussi vif dans la seconde installation, où M. Bénouville s'est servi des cuirs les plus divers, réglant leur emploi sur le degré de résistance de chacun d'eux, réservant la fragile peau de mouton pour les frises, revêtant les lambris avec celle du bœuf, couvrant les banquettes et les chaises avec celle du porc ou de la chèvre. Des fleurs, des paysages, des marines, repoussés, entaillés, incisés, pyrogravés, toujours par M. Félix Aubert, illustrent les panneaux de cuir qui revêtent le champ des vitrines en dais ou en pupitres, faites d'acajou mouluré à la machine.

La France s'est de tout temps divertie au jeu des artifices et, après trois cents ans, la prédilection est demeurée tenace pour ces apparences de construction que sont les treillages. On n'a point manqué même d'en abuser, de les prodiguer sans rime ni raison parfois ; leur opportunité ne se justifie jamais mieux que lorsqu'il s'agit de célébrer la fleur et la vertu de ses essences. La plante se lie, s'unit à la frêle architecture aérienne ; elle grimpe et rampe le long des fûts ; elle s'enchevêtre dans les ajours ; elle se balance en guirlande au faîte des arcades... A quel point l'union intime est fertile en aspects pittoresques, chacun le présage et, mieux que personne, M. Frantz Jourdain ; il en goûte le charme avec la double sensibilité de l'artiste et du lettré ; disciple d'Edmond de Goncourt, l'âme de notre XVIIIe siècle revit un peu en lui ; mais exemplairement M. Frantz Jourdain ne procède de la tradition que pour la rénover ; chapiteaux, modèle des clôtures et des portiques, tout lui appartient en propre et tout a bien, à nos yeux, le prix d'une révélation inattendue ; ajoutez que ce cloître et le salon central sont devenus, au gré de M. Frantz Jourdain, le

(1) A cette décoration en pochoir on ne saurait comparer, pour l'intérêt, que celle dont M. Marcel Boty avait orné le pavillon du *Printemps*; le même pavillon montrait de Jules Chéret un plafond d'une verve, d'une couleur admirables. Parmi les autres peintures décoratives s'imposaient tout d'abord celles de M. Albert Besnard pour le hall de l'Union centrale et pour la parfumerie Piver, puis les panneaux de M. Steinlen (classe de la Tapisserie) et ceux de M. José Maria Sert (salle à manger de l'*Art nouveau Bing*).

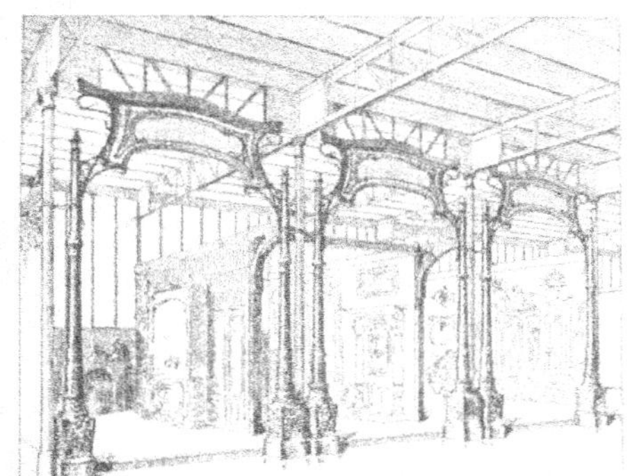

INSTALLATION DE LA CLASSE DE LA DÉCORATION FIXE, PAR M. [illegible]
(Dessin de [illegible].)

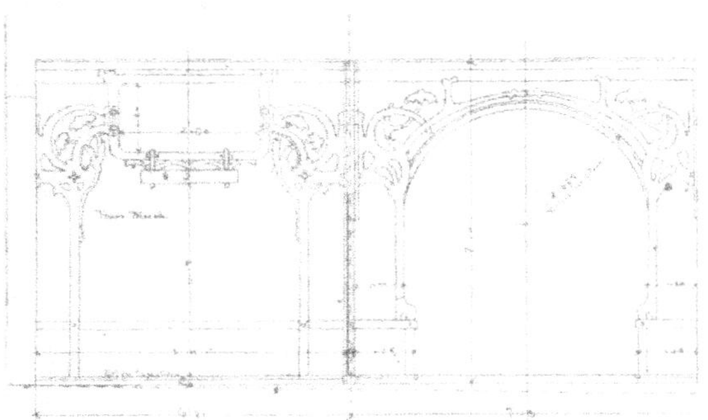

INSTALLATION DE LA CLASSE DES [illegible]
PAR M. [illegible]
(Dessin de [illegible].)

thème d'une symphonie en jaune majeur, où tous les tons de la gamme sont parcourus, depuis le blanc crémeux jusqu'à l'orangé, depuis le jasmin jusqu'à la capucine; sauf les vélums et les cordelières de nuance mauve, fleurs et bois se confondaient en une tendre harmonie dorée, et les étalages de la Parfumerie laissaient le souvenir d'un riant et coquet jardin d'hiver perdu dans les steppes désolés du Champ-de-Mars.

Pour montrer les créations des bijoutiers, des tapissiers, la plus élémentaire raison préconisait un cadre discret qui ne détournât pas l'examen de l'objet principal. L'extrême sobriété était de rigueur, et l'on sait combien il est malaisé d'y atteindre. Voyons cependant de quelle manière M. Arfvidson, M. Risler, M. Plumet s'y sont pris pour résoudre le problème ardu. D'après M. Arfvidson, le joyau réclame un écrin transparent serti de métal, et nul métal n'annonce mieux que le fer la sécurité d'un inviolable asile. Quant aux ensembles de décoration, ils se répartissaient dans les stalles, de dimensions égales, et la tâche de l'architecte se bornait, au cas présent, à établir une succession de devantures semblables; M. Risler a composé les siennes avec le bois et le carton-pâte : sur des gaines viennent reposer un couronnement fleuri et le bandeau portant, en lettres violettes lisérées d'or, les inscriptions requises; très différents, les portiques de M. Plumet utilisaient le grès pour les socles, l'acajou pour les mâts, le fer forgé pour les consoles, et les tableaux étaient sciés dans de vulgaires planches, tout uniment. Les meilleurs effets ne peuvent-ils pas être attendus de la plus humble matière, du plus simple motif? Des menuiseries de sapin, dessinées par M. Guillemonat, profilaient les amusants contours de leurs silhouettes cryptogamesques parmi les Produits des exploitations et industries forestières; en demandant à la feuille du marronnier l'ornementation des boiseries, des tapis, des tissus, M. Chardon conférait à la classe des Teintures un très particulier caractère; et je n'aurai garde d'omettre celle des Instruments de musique, avec ses vitrines superposant sur le fond clair du tulipier un découpage d'acajou, avec ses spirituels lambrequins enluminés où se lisaient notées les premières mesures de nos vieilles chansons populaires.

M. Jacques Hermant l'avait installée ainsi que les Musées centennaux. C'est de lui qu'était émanée l'idée de reconstituer l'entour de l'existence parisienne et rurale, idée heureuse et dont la réalisation, intelligemment

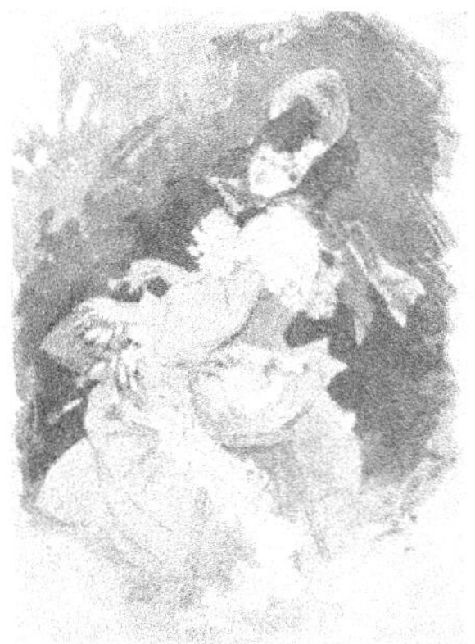

[illegible]
PAR M. JULES CHÉRET

poursuivie, ne faillit point à l'enseignement promis : ici, une suite de chambres à coucher, de salons, faisait saisir les variations, les transformations du mobilier français au cours du XIXe siècle; là, un ensemble de constructions, bâties et agencées selon le mode ancien, groupait une ferme et une grange, un chai et un pressoir, une laiterie, une meunerie, une distillerie, évoquant ainsi le village d'autrefois dans son pittoresque maintenant aboli. Si vive que fût chez M. Jacques Hermant la curiosité de ces regards sur le passé, il demeurait moderne, au point de demander à M. Grasset et à M. Costilhis la décoration des salons rétrospectifs du Costume et de la Dentelle, au point aussi d'adopter franchement l'affiche comme enseigne des sections centennales (1), et d'exiger que la construction mît en valeur les chromolithographies, délicieuses pour la plupart, qu'avaient exécutées tout spécialement MM. Jules Chéret, Carrière, Grasset, Léandre et Willette. Dans les deux Musées centennaux où triomphe la qualité de goût de M. Jacques Hermant, cette recherche ne se dissimule point ; sans déterminer précisément l'invention, elle en règle presque l'ordonnance ; à la Métallurgie, les mêmes piliers, issus de la balustrade, portent les écussons des magistrales compositions de Carrière et servent d'attache aux légers câbles d'acier qui suspendent un cartouche en tôle repoussée ; de même, l'enceinte treillagée, simple et charmante, qui délimite le musée des Moyens de transport, a ses entrées principales de chaque côté armoriées par une couple de cadres porte-affiches finement amenuisés et faisant corps, en quelque sorte, avec l'ossature du portique...

En dehors des aménagements soumis au contrôle officiel — tels ceux des classes ou des Musées centennaux, — mainte installation particulière attestait l'éveil de l'initiative privée et son désir d'attirer et de retenir par un entour doué de pittoresque et de beauté. Cette ambition n'était spéciale ni à un pays, ni à une industrie ; on la constatait à l'étranger aussi bien qu'en France, parfois même chez les plus modestes exposants. La menuiserie d'angle que M. Wallace a inventée à l'intention de MM. Draeger n'occupe que quelques mètres, comme il convient pour donner asile aux spécimens des tirages typographiques où ces maîtres imprimeurs excellent ; elle n'en constitue pas moins un ensemble complet en soi, ensemble harmonieux et que relève la saveur d'un accent viennois. Si l'emplacement dévolu à M. Crété était plus vaste, le programme à remplir ne variait guère : cette fois encore, il fallait grouper des livres et en faire valoir

(1) Les affiches des Musées centennaux ont été éditées par MM. Chaix et de Malherbe.

sous glace des feuillets séparés. La difficulté a été résolue de manière rationnelle et ingénieuse par M. Bluysen, au moyen de vitrines-pupitres

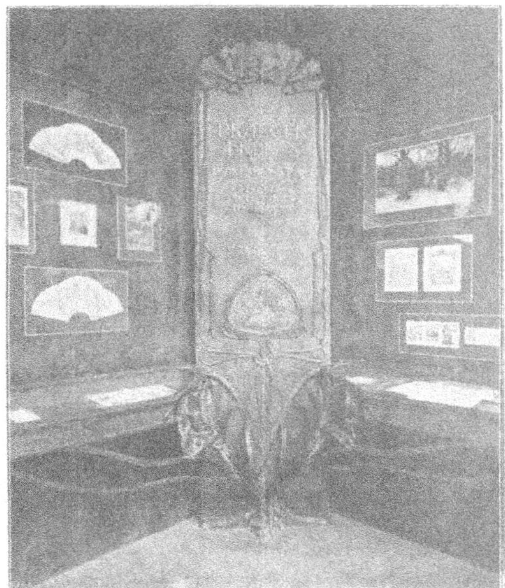

INSTALLATION DE L'EXPOSITION DE MM. DRAEGER FRÈRES
PAR M. BLUYSEN

et en ajourant la partie supérieure des lambris, transformés ainsi en véritables cadres.

Les architectes néerlandais invitent volontiers le peintre à contribuer

ter l'exposition qu'ils ont charge de présenter; mais la technique des peintures est alors celle de l'affiche et non plus celle du tableau : une cernée vigoureuse indique le contour et le ton est posé par simples aplats. L'installation d'un importateur colonial et celle des Chemins de fer hollandais montraient des panneaux et des frises d'une convenance de métier rigoureusement appropriée à leur but : ici, une suite de scènes retraçait les phases de la culture du riz aux Indes; là, le mur s'illustrait

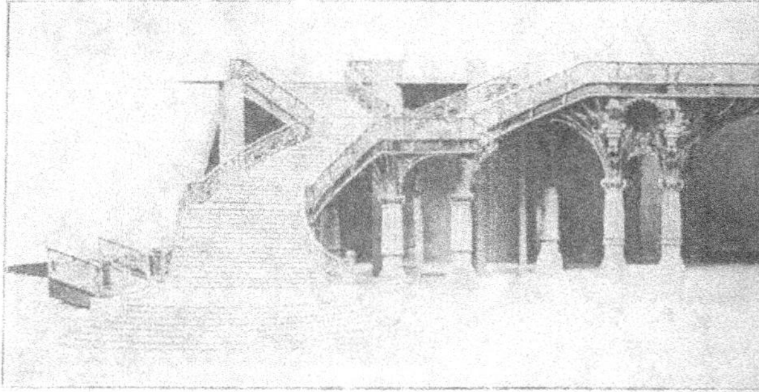

ESCALIER DU GRAND PALAIS DES BEAUX-ARTS, PAR M. ALBERT LOUV
(D'après le modèle en

de représentations de sites caractéristiques des Pays-Bas et d'images de Hollandaises portant le costume traditionnel de chaque contrée. M. Smit et M. Oosterbaan ont mené à bien cette originale enluminure et de l'atelier de M. Shouten sortent les vitraux diaphanes où se silhouettent des vues d'Amsterdam et de Rotterdam. Il n'est pas un détail du pavillon qui n'en rappelle de façon piquante la destination. M. Cuypers compte à son actif des ouvrages autrement importants; je n'en sais point où les ressources d'une imagination fertile et vive aient aussi bien servi l'instinct foncier du décoratif.

Ils sont légion ceux qui se sont conquis, par leurs aménagements, d'indiscutables titres à l'attention, sinon à l'estime; c'est le cas de MM. Siemens et Halske, de Berlin; de M. Schenck, de Darmstadt; de M. Parvillée, de Paris; de la Corporation des parfumeurs allemands et de l'Administration des accumulateurs Phénix; aussi bien, sur l'effort individuel devait fatalement l'emporter celui des sociétés par actions qui disposent de moyens plus étendus, illimités presque.

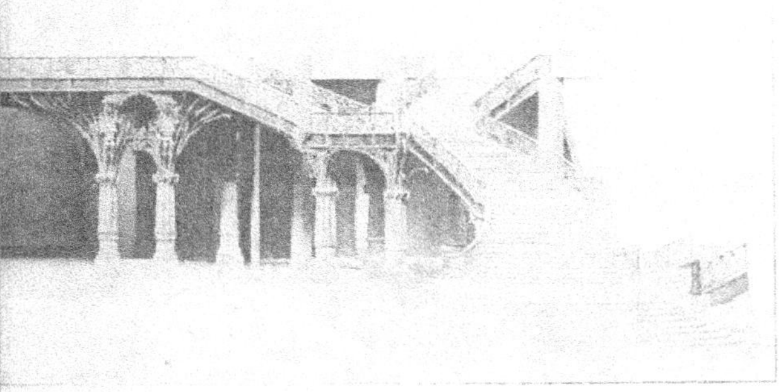

ARCHITECTE (MM. MOISANT, SAVEY, LAURENT ET Cie, CONSTRUCTEURS)
(... par P. Renard.)

Le pavillon berlinois de la Compagnie générale d'électricité restera dans le souvenir comme le plus topique exemple de la magnificence à laquelle peut atteindre une installation éphémère. Il a été édifié, dans le style allemand moderne, par M. Hoffacker. C'est une construction oblongue à coupole, dépourvue de fenêtres, afin de justifier, de nécessiter la permanence de l'éclairage artificiel. Le rare prestige d'originalité qui lui est dévolu vient, pour la meilleure part, du couronnement en fer forgé. L'armature accuse les lignes générales de l'édifice, le lancement du dôme, sert d'une couronne à sa base, la courbe sinueuse des marquises disposées sur les façades principales; une luxuriante végétation s'en échappe, s'y suspend; à la frondaison de métal se mêlent çà et là de transparents bourgeons de sapin que l'électricité illumine. Conçu par M. Hoffacker, le dessin de cette ferronnerie fastueuse a été interprété avec autant de verve que de science par MM. Schulz et Holdefleiss. On doit aux mêmes artisans le portique, de vraiment fière allure, qui limite au Champ-de-Mars le stand d'un fabricant de machines, M. Gebauer. L'entrée biaise, à la rencontre de deux artères, est marquée par une baie, dont les montants fleuris fusent, unis à leur sommet par un motif en Ω délicat au possible; et le contraste est saisissant entre le jet hardi de ce porche et l'ajourage de la ferronnerie légère, aérienne. Rien ne vaut le métal pour certaines présentations, et bien en a pris à MM. Ehrhardt et Sehmer de solliciter d'un autre forgeron berlinois, M. F.-P. Krüger, le luxe d'une devanture d'art dégagée des poncifs; sa décoration utilise la ligne courbe, les arcs concentriques, puis la plante, la figure humaine et la faune chimérique. L'ensemble, aux lignes sinueuses, serpentines, comme celles des toitures chinoises, surprend tout d'abord; mais l'impression d'étrangeté ne résiste pas à l'examen détaillé d'éléments divers alliés sans heurt ni discordance... Ces trois ouvrages, de haute signification, établissent l'aptitude spéciale des Allemands à réussir dans les travaux de ferronnerie. La rude matière est bien pour leur convenir; sa résistance même leur est chère, puisqu'ils la domptent, puisqu'elle avive la conscience de leur autorité en leur fournissant une occasion de victoire, puisqu'elle favorise l'expression de cette puissance majestueuse, autoritaire, qui caractérise l'art germanique à l'aurore du xxe siècle.

En France, point de travaux assimilables par leur destination à ceux de MM. Schulz et Holdefleiss, Krüger, et, partant, l'enseignement du parallèle se trouve différé. Dans l'ordre des constructions métalliques, l'effort le plus significatif et le plus louable a été réalisé chez nous par M. Louvet. L'escalier d'honneur du Grand Palais des Champs-Élysées

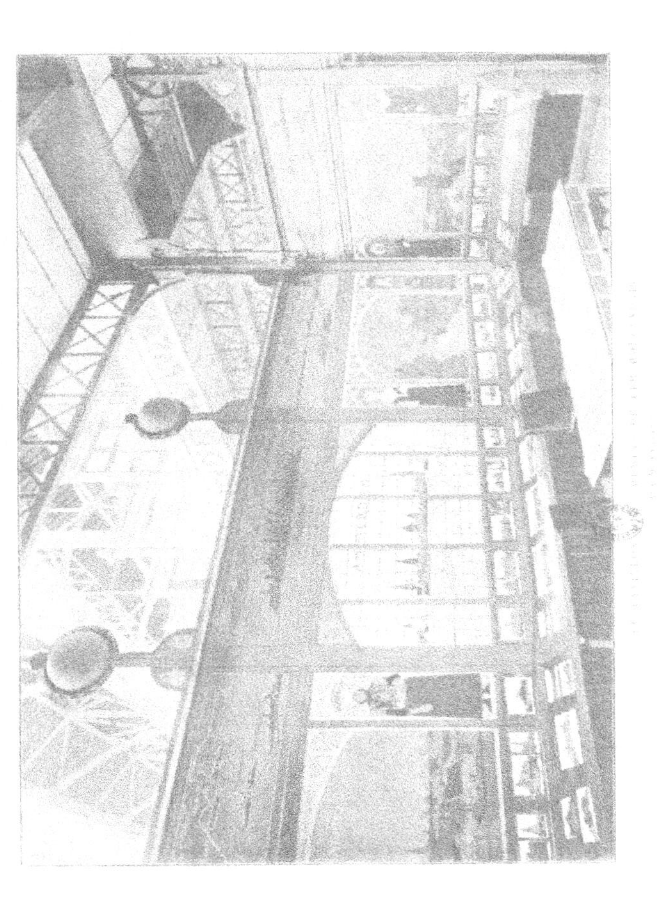

s'impose par l'élégance qu'il garde en dépit de ses proportions monumentales, par l'association inédite, heureuse et grave, du porphyre des Pyrénées, du granit des Vosges et du bronze clair; enfin, au-dessus de tout, nous touche et nous agrée l'ambition pleinement atteinte de faire des limons, des arcatures, des ailettes, comme une vaste floraison qui

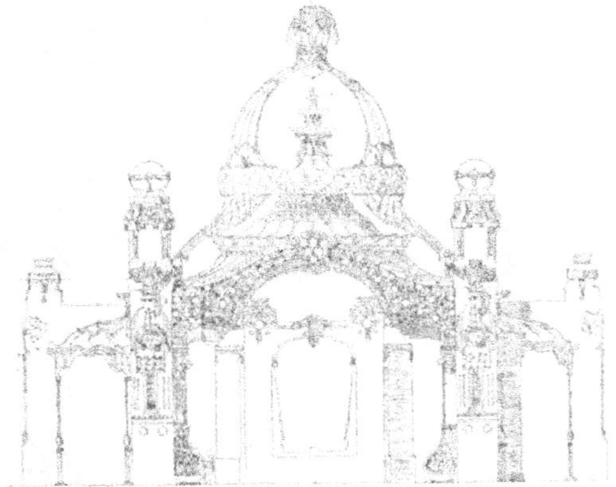

LE PAVILLON DE LA COMPAGNIE GÉNÉRALE D'ÉLECTRICITÉ DE BERLIN
(M. Hoffacker architecte; MM. Schulz et Holdefleiss forgerons.)

s'épanouit au-dessus des colonnes et se prolonge jusque dans la rampe en fer forgé.

Que l'on ne s'étonne pas de l'attention qu'obtiennent ici les installations, alors que leurs auteurs furent jugés, en haut lieu, indignes de tout lustre et frustrés de toute gloire. Peu nous chaut, en vérité! Notre architecture moderne végète, parce qu'elle se refuse à tenir compte de l'évolution des sociétés et des besoins nouveaux, parce qu'elle viole à plaisir la loi de la destination ; elle se prétend art de luxe et une aveuglante présomption la conduit aux anachronismes, aux non-sens, tandis qu'il la faut tenir, au rebours, pour un art d'utilité. Ne convenait-il pas de témoigner quelque gré à ceux qui ne furent pas dupes de mensongères illusions et auxquels il appartint de rappeler que, pour l'architecte, la vraie mesure du succès est l'aptitude à remplir les conditions d'un programme strictement déterminé ?

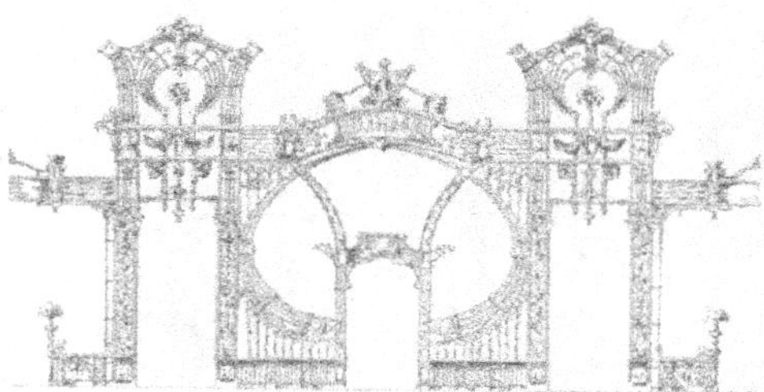

GARNITURE D'INSTALLATION EN FER FORGÉ, PAR M. KRÜGER

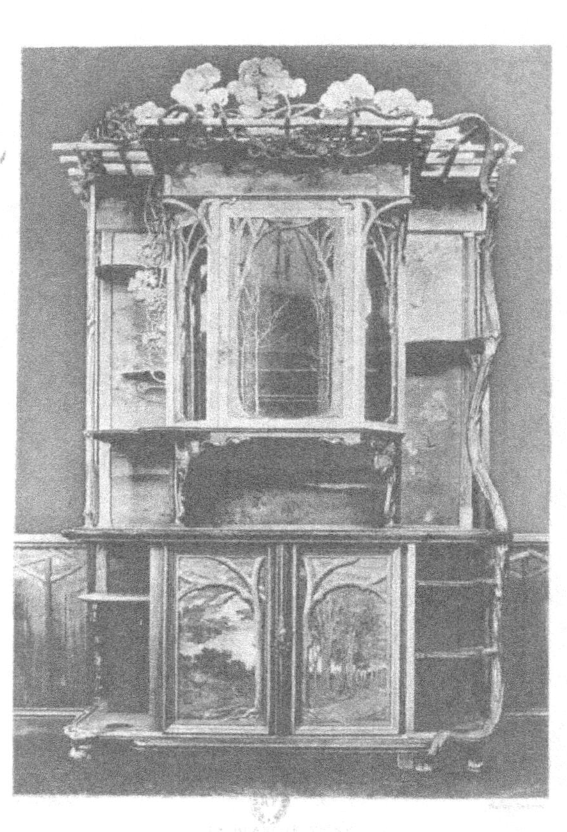

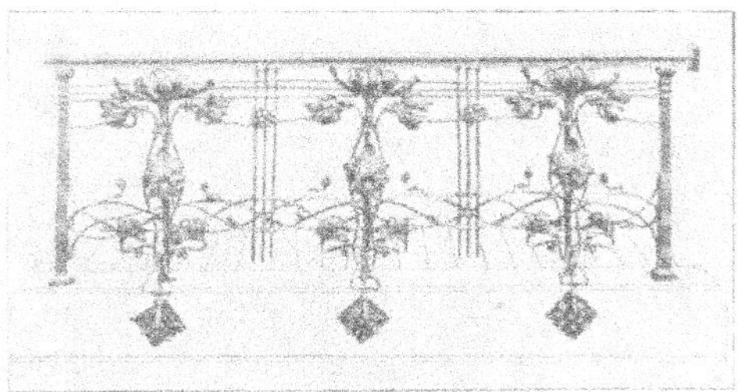

GRILLE DE BALUSTRADE EN FER FORGÉ, PAR M. MARCUS

III

LES INDUSTRIES D'ART

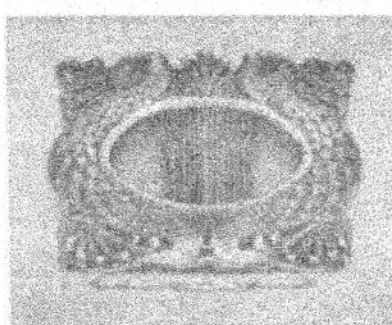

[illegible], PAR M. [illegible]

Les rampes, les grilles, les balcons forment le principal de la production ferronnière, et, à les étudier, chacun peut s'édifier avec assez d'exactitude sur l'état de la main-d'œuvre. Les rampes des deux nouveaux palais échappent à la fastidieuse banalité; il en est de même pour celles qu'ont exécutées M. Brart de Delft, M. Marcus de Berlin, M. Eggers de Hambourg et les artisans de Crefeld. Des devants de foyer, des portes d'ascenseur, des balcons de M. Emile Robert attestent chez leur auteur la possession de tous les secrets de son art. Une clôture de M. Genissieu plaît encore par son caractère de puissante simplicité. S'agit-il d'une grille de porte cochère, la trouvaille d'un motif répété ou alterné ne suffit plus; il devient obligatoire d'agencer, de *composer* un ensemble, et alors le recours au rétrospectif se constate plus fréquent. Les ferronniers de France (M. Bardin, M. Bergeotte), d'Allemagne (M. Neuser), de Hongrie (M. Jungfer), de Russie même, font revivre les grâces de Jean Lamour; M. Andersen, de Christiania, remonte le cours des siècles et son portail s'agrémente d'animaux fantastiques empruntés aux monuments du Moyen âge. C'est le souvenir de ces temps abolis et des moines artistes qu'évoque à notre esprit M. F. Marrou, de Rouen. Dans le calme de sa province, sans trouble ni hâte, il pousse droit son œuvre, la reprenant chaque jour pour la parfaire, et il crée cette grille aux pavots où la matière la plus rebelle acquiert, sous le marteau du maître ouvrier, la minceur, la souplesse, la fragilité de la fleur.

Si grande soit la dévotion à un pareil artiste, n'oublions pas que la rénovation du *home* exige, pour se réaliser, des œuvres non pas uniques, mais mises par l'édition à la portée de tous. Aussi, un grand intérêt s'attache-t-il au progrès récent qui s'est accompli dans la serrurerie d'appartement et dans la fabrication des appareils d'éclairage. Avec le concours de M. Alexandre Charpentier, de M. Erikson, MM. Fontaine se sont piqués de substituer à des modèles surannés des entrées de serrure, des plaques de propreté, des boutons de porte, des crémones, des gonds, qui, pour être de style bien moderne, n'en répondent pas moins aux exigences de leur fonction.

En ce qui concerne la diffusion de la lumière artificielle, que de changements aussi survenus depuis dix ans! Lors de la précédente Exposition, l'industriel déconcerté ne se souciait de rien hors d'accommoder à l'électricité ses anciens appareils. Le loisir ne lui avait pas été laissé de déduire des conditions particulières de l'incandescence électrique les lois de sa présentation. Familiarisés depuis plus longtemps avec ce mode d'éclairage, d'esprit plus pratique aussi, les Anglais furent les premiers à satisfaire ces fondamentales exigences. Des lustres de M. Benson, simples de formes, où alternent des cuivres rouges et jaunes, rappellent cette phase de l'histoire du luminaire. Les leçons de logique ne sont jamais superflues; au cas

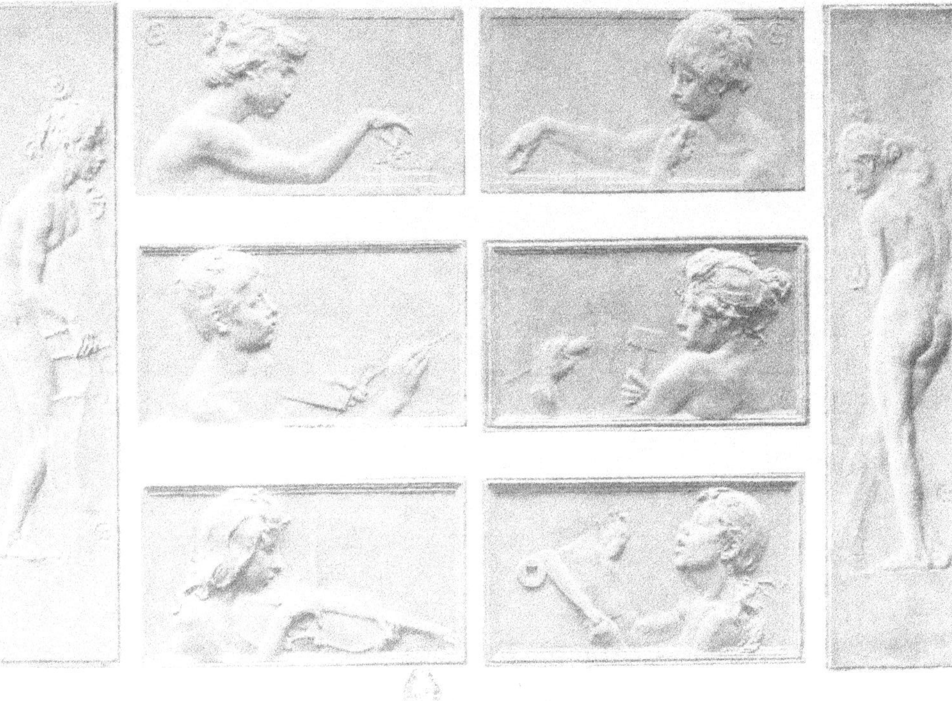

[illegible] PAR M. ALEXANDRE CHARPENTIER

EXÉCUTÉ PAR MM. FONTAINE FRÈRES

présent, elles ont guidé plus d'un artisan de France hésitant ou inquiet, et on s'applaudissait de rencontrer chez M. Soleau, M. Gainier, M. Bainge, M. Renon, M. Mottheau, des appliques, des plafonniers, des lampes, où la

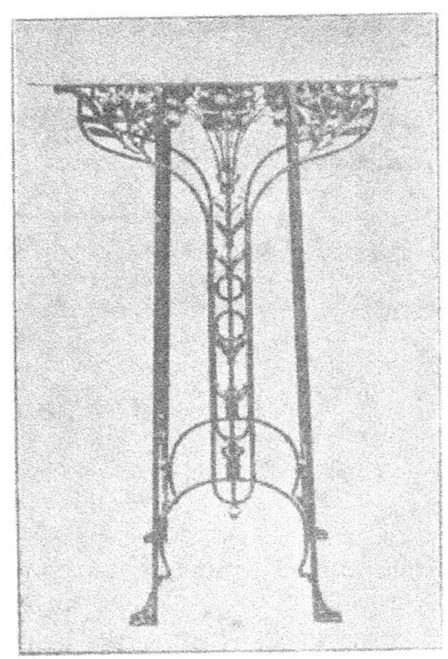

SELLE EN FER FORGÉ
(ÉCOLE DES ARTS DÉCORATIFS DE VIENNE)

structure appropriée se pare d'une élégance aussi éloignée de la surcharge que de la raideur britannique. L'attrait venait des reliefs ou naissait de l'ondoiement des lignes (M. Truffier, M. Tony Selmersheim). De grands artistes, en Allemagne M. Riemerschmied, en France M. Jean Dampt, ont apporté à ces progrès une contribution précieuse; M. Jean Dampt s'est approché le plus de la perfection. Du plafond descend le faisceau métallique récepteur des fils; il se ramifie en tiges qui ondulent, se courbent avec la flexibilité de la liane et se terminent par une fleur lumineuse en cristal dépoli, — violette ou orchidée. Certains déjà avaient donné à l'ampoule une forme modelée : M. Dampt l'appelle à faire partie intégrante de la composition; dans son art, comme dans la nature, la fleur est si bien l'aboutissement rationnel de la tige, que l'ouvrage atteint à l'absolue unité et que ces lustres peuvent dès maintenant être tenus pour classiques, — encore que le Musée des Arts décoratifs ait omis de les acquérir, sans excuse plausible.

Gonon n'est plus; l'impeccable Liard dédaigne l'occasion de se produire et se dérobe à l'éloge; en somme, la fonte au sable est sans progrès, et les investigations de Rosso n'ont pas encore retrouvé tous les secrets de l'ancienne fonte à cire perdue. En revanche, Carriès, Bartlett ont appris à ne plus méconnaître le prestige des belles patines; avec sa divination d'artiste infaillible, Mme Sarah Bernhardt en a trouvé de mordorées pour les bronzes dont la mer de Belle-Isle lui fournit chaque été les modèles.

La renaissance de l'étain date de 1889, et M. Brateau, qui l'a provoquée, ne faiblit pas à en soutenir l'éclat; c'en est fait, pour lui, des ressouvenirs de Briot; la vivante nature directement l'inspire; si M. Desbois, M. Pierre Roche, M. Laporte-Blairsy réapparaissent avec des œuvres déjà vantées aux Salons, M. Alexandre Charpentier s'est abstenu. A Munich, le métal que Bodenbach définissait « le clair de lune de l'argent » est toujours en faveur grande; M. T. von Gosen et M. Schmeidl le traitent avec une entente rare : le modelé tient compte des ressources de la matière, les reliefs conservent un caractère souple, libre et gras; en cela, M. von Gosen et M. Schmeidl me semblent l'emporter sur M. Kayser : ses décors, d'un modernisme de bon aloi, offrent parfois des contours durs et secs, parfois aussi des délicatesses excessives, qui siéent mieux à l'or ou à l'argent qu'à la poterie d'étain.

En tirant de l'ombre les trésors des églises, en rappelant comment, le long des siècles, l'art s'était mis au service de la foi, l'exposition rétrospective du Petit Palais et celle du pavillon de la Hongrie multipliaient les points de comparaison redoutables et entraînaient une sévérité parfois

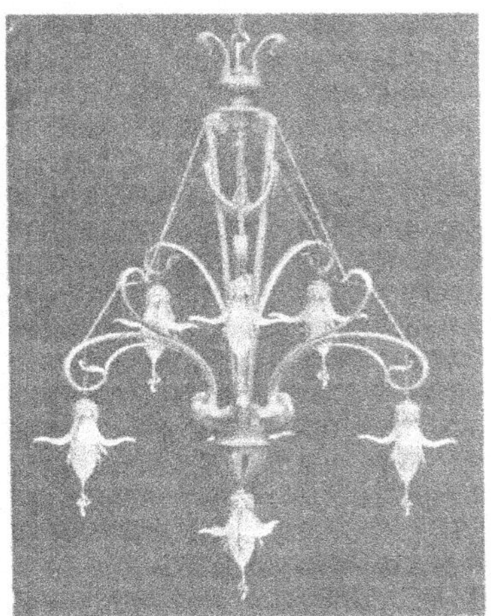

LUSTRE COMPOSÉ PAR M. [illegible]
[illegible]

excessive dans les jugements sur l'orfèvrerie religieuse contemporaine. Il est exact qu'elle n'est pas près de recouvrer son luxe d'antan; elle ne survit guère que chez nous, les essais de M. Gorham, de M. Linke ne pouvant être invoqués qu'à titre d'exception. Au moins, les orfèvres auxquels incombe l'héritage de ce long passé de gloire n'ignorent-ils rien de la tradition historique et familiale qu'ils ont mission de continuer. MM. Poussielgue-Rusand et Armand-Calliat fils ont été élevés à forte école. Ils ont appris de bonne heure à regarder l'archéologie non pas comme une source d'inspiration, mais comme une science féconde en avertissements. Ils doivent tout à leur indépendance, qui se trahit sous des dehors dissemblables, opposés presque, selon le tempérament de chacun. M. Poussielgue-Rusand, Parisien, activement mêlé au mouvement d'art moderne, devait convoiter pour les objets du culte le bénéfice des recherches ambiantes. Son calice *L'Arbre de Vie* fixe d'emblée sur le libéralisme de son esthétique. Il a été parachevé sous ses yeux, dans ses propres ateliers. A l'exemple de son père, dont Viollet-le-Duc et le P. Martin avaient été jadis les collaborateurs, M. Poussielgue-Rusand ne néglige pas l'apport des concours extérieurs; M. Sauvageot, M. Corroyer ont dessiné pour lui, qui une châsse, qui un ostensoir; l'autel de MM. Genuys et Camille Lefèvre unit à ravir le grès et le bronze; enfin, MM. E. et A. Lelièvre lui ont donné peut-être le meilleur de leur talent quand ils ont modelé le trépied d'une veilleuse, le calice dont l'ornementation s'emprunte au lis, puis la crosse en bois sculptée d'immortelles en argent patiné, où s'épanouit une fleur de passiflore en émail translucide mat. Il n'a point manqué, comme chacun imagine, d'esprits chagrins pour se révolter et pour taxer de profane ce modernisme. Autant vaudrait, ne pensez-vous pas, faire de la piété le privilège exclusif d'une époque, ne tolérer de livres d'Heures que ceux imprimés en caractères gothiques, selon la mode de l'ancien temps.

M. Armand-Calliat est Lyonnais, partant méditatif, rêveur, et son mysticisme grave, austère, s'exhale comme celui d'un Puvis de Chavannes ou d'un Hippolyte Flandrin. Chacune de ses créations est un acte d'adoration ou de foi. La châsse de saint Anthelme, à Belley, porte, en toutes ses parties, la trace d'une dévotion raisonnée et fervente; le plus pur sentiment religieux a inspiré la conception générale, l'invention de chaque détail, au point qu'on démêle mal la part du croyant et celle de l'artiste dans un pareil ouvrage. J'en veux signaler, cependant, l'imposante unité, les proportions, l'excellent hiératisme des figures et leur lien avec la cons-

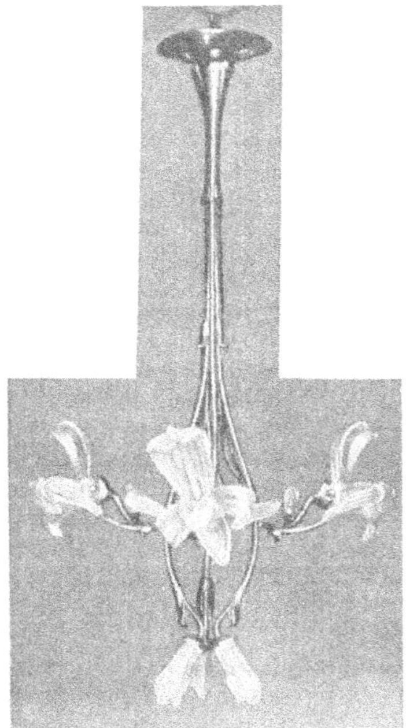

[illegible]

truction. Toujours soumis à la règle d'une discipline vigilante, les triples dons de l'architecte, du statuaire, de l'émailleur, reçoivent à nouveau leur plein emploi dans le majestueux ostensoir de Saint-Martin d'Ainay. Mais, à insister de la sorte sur ces travaux, la crainte vient de ne découvrir chez M. Armand-Calliat que l'aptitude aux vastes entreprises, tandis que ce puissant est aussi capable de délicatesse, et que sa maîtrise se laisse aussi bien juger d'après la crosse abbatiale de Solesmes en ivoire incrusté d'or, d'après la crosse de Mgr de Tarbes, fleurie de roses symboliques, d'après le marteau jubilaire de Saint-Jean de Latran, prêté par Léon XIII, d'après un calice, une croix pectorale même. Et l'on s'en voudrait de ne pas toucher un mot des préférences du coloriste, des émaux couleur d'ivoire et de turquoise auxquels il s'est complu pour les burettes et le plateau des RR. PP. Maristes de Lyon, et de ces émaux noirs, dits de niellure, qu'il a fait entrer si judicieusement dans la composition du bougeoir, du plat à gants, de l'aiguière et du bassin destinés à la « chapelle noire » de Mgr Rumeau, évêque d'Angers.

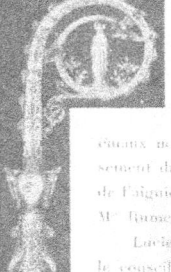

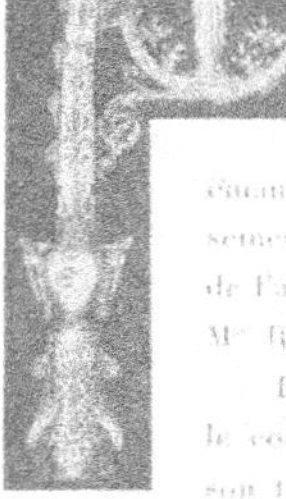

CROSSE DE MONSEIGNEUR DE TARBES, PAR M. ARMAND-CALLIAT

Lucien Falize donnait quelque jour à M. Armand-Calliat le conseil de s'arracher à sa pieuse méditation et de laïciser son talent. L'avis n'a pas été vain : un surtout de table, *La Curiosité*, marquait le début du maître dans l'orfèvrerie civile. Il se recommandait par les qualités de pondération familières à M. Armand, se distinguait par ceci que la plante n'intervenait en rien dans le décor.

C'est presque une singularité aujourd'hui, et il n'est pas à prévoir que l'avenir éprouve quelque embarras à dater l'argenterie de notre temps. Maintenant, cette prédominance de la flore dénonce-t-elle une révolution, ou bien y a-t-il eu simplement « évolution », reprise et rajeunissement de la tradition ? La question reste à trancher. Un fait demeure hors de conteste : dans le commerce du XVIIIe siècle et des Germain a grandi celui qui s'est conquis par l'application heureuse de ce système ornemental un lustre

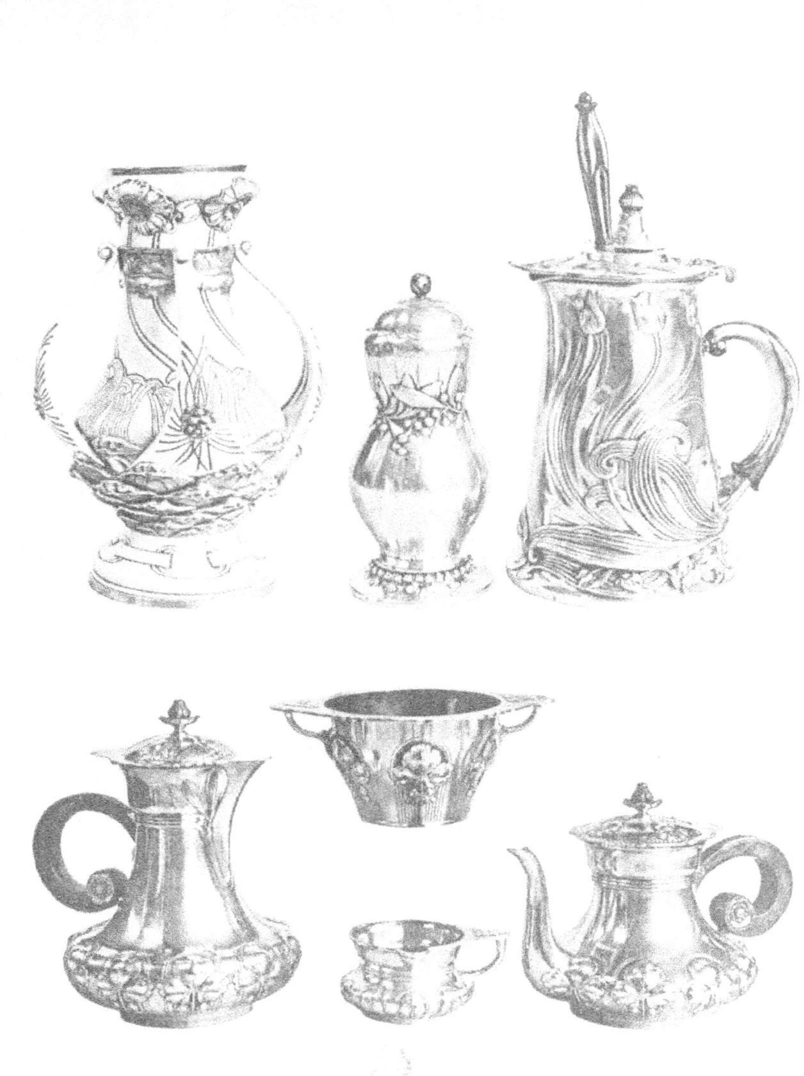

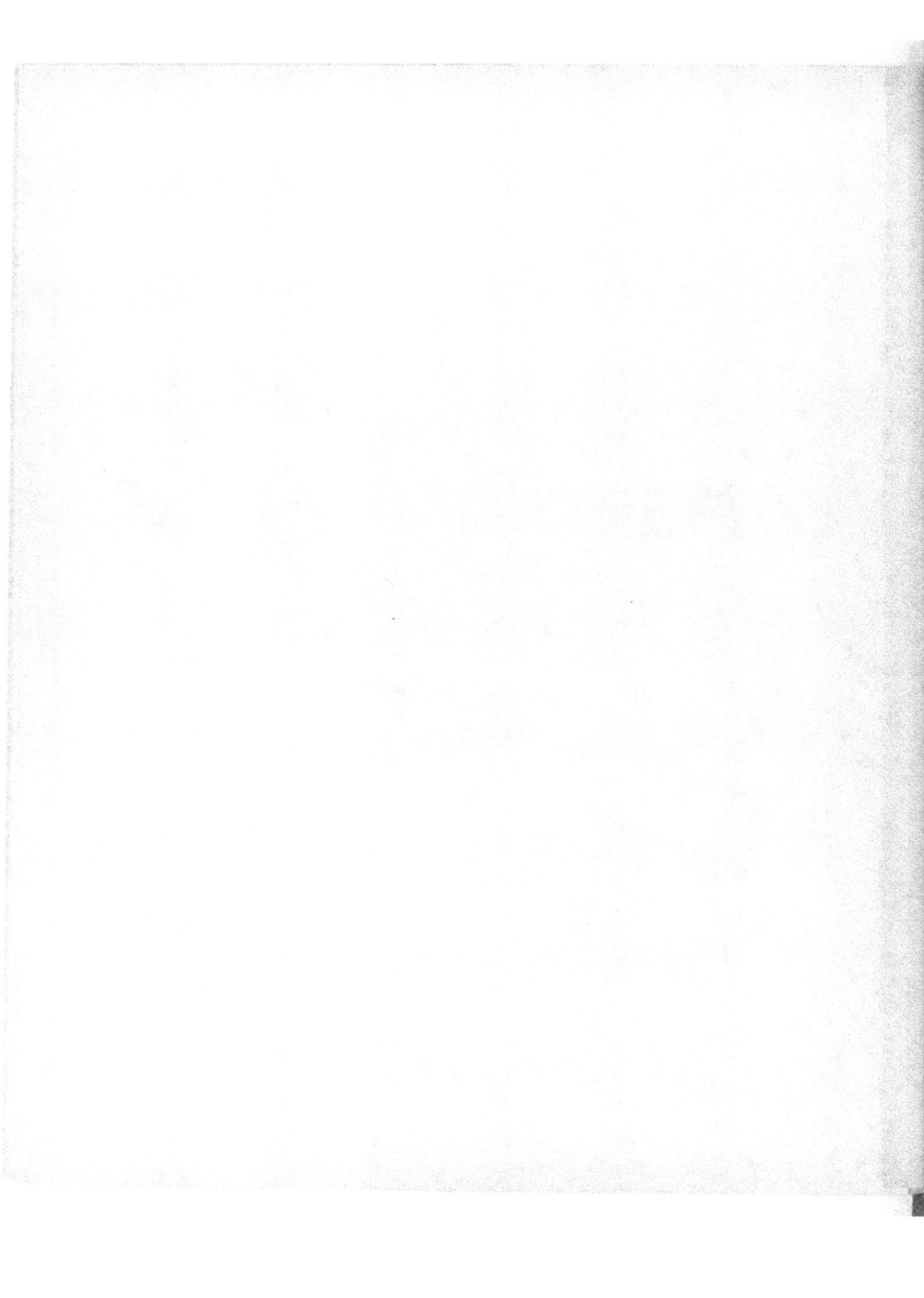

assez vif et assez incontesté pour s'enorgueillir toute notre orfèvrerie contemporaine.

Les Falize et les Boucheron, les Aucoc et les Froment-Meurice, les Boin-Taburet et les Linzeler peuvent, chacun, faire aimer ou applaudir certaine pièce d'argenterie, de conception neuve, et révéler par là dans quelle mesure ils ont partagé avec leur génération l'aspiration

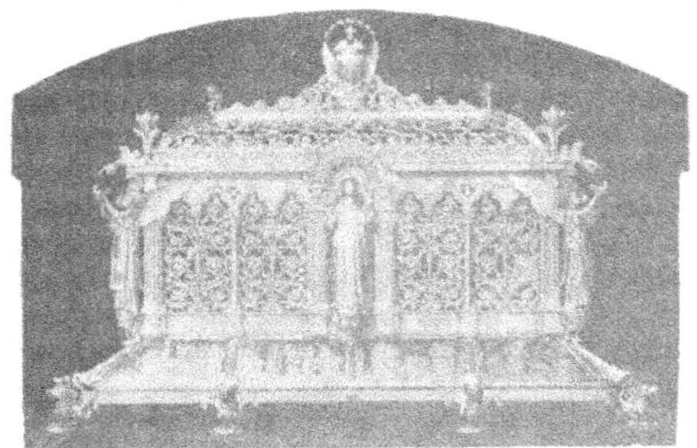

CHÂSSE DE SAINT ANTHELME, EXÉCUTÉE PAR M. ARMAND-CALLIAT

ardente vers la beauté inconnue. M. Cardeilhac seul a mis au jour, avec une force de déduction et un esprit de suite rigoureux, un ensemble d'ouvrages égaux de tenue, issus d'une inspiration commune et pourtant variés, qui présentent tous les caractères d'un style distinct, bien moderne, essentiellement français. Et d'où dérive le charme de ces argenteries assurées de survivre? du pavot et des capucines, du myosotis et de l'ancolie, du bouton d'or et de l'anémone, du trèfle et du chardon, de toutes ces humbles plantes champêtres que l'Évangile déclare « mieux vêtues que les princes terrestres ». Le privilège est celui à M. Cardeilhac d'en dégager la beauté et d'en reproduire les formes, en évitant les écueils du réalisme trop littéral, de la définition trop sèche, de l'interprétation trop lointaine. La fraîcheur de l'imagination s'accompagne chez lui du don souverain de l'ordre, de la clarté et de la mesure. Si rares soient-ils, ces avantages — spirituels — ne comptent que parce qu'une technique sûre les fait valoir; celle de M. Cardeilhac soumet tous les travaux, le martelage, le repoussage, la ciselure, au contrôle d'une surveillance qui bannit les rudesses, les saillies anguleuses, qui exige la douceur des contours, l'agrément du toucher. L'Exposition a permis de suivre le difficile acheminement vers le but entrevu et la lente élaboration du nouveau style; chaque pièce prenait le sens d'un témoignage; chacune marquait une étape, depuis ces petits vases qui servirent d'études préliminaires, jusqu'aux travaux définitifs, jusqu'à ces œuvres dernières où la matité de l'argent joue délicieusement avec les nuances de l'ivoire verdi; et elle est aussi d'un goût exquis, la série des couteaux, vrais joyaux de poche, précieux à la façon des nécessaires de la Régence, par où M. Cardeilhac se certifie le continuateur d'une tradition, l'héritier du charme et des élégances du XVIIIe siècle.

Lui cherchait-on quelque émule, il n'était que M. Debain pour s'efforcer dans une voie parallèle. L'amour de la nature — et non la mode — l'a conduit à une stylisation de la flore très originale. A ces visées communes s'opposent celles de MM. Keller frères; la tentation leur est venue d'inaugurer une orfèvrerie sans relief ni ciselure, une orfèvrerie unie, ne valant que par la seule qualité des lignes, des galbes et des profils. Sans croire au paradoxe d'après lequel le décor ne serait qu'« un expédient destiné à masquer les défauts et les tares », nous ne nous célons rien des difficultés éprouvées à créer une forme assez intéressante en soi pour se présenter sans parure aucune, nue. Une belle forme se transmet de génération en génération, comme un chant; la perfection seule lui décerne la popularité; il en est arrivé jusqu'à nous dont l'origine remonte aux temps antiques. On devine l'émoi de l'artiste en présence de ce problème : oublier le passé, échapper aux hantises, enfin se refaire l'âme d'un primitif.

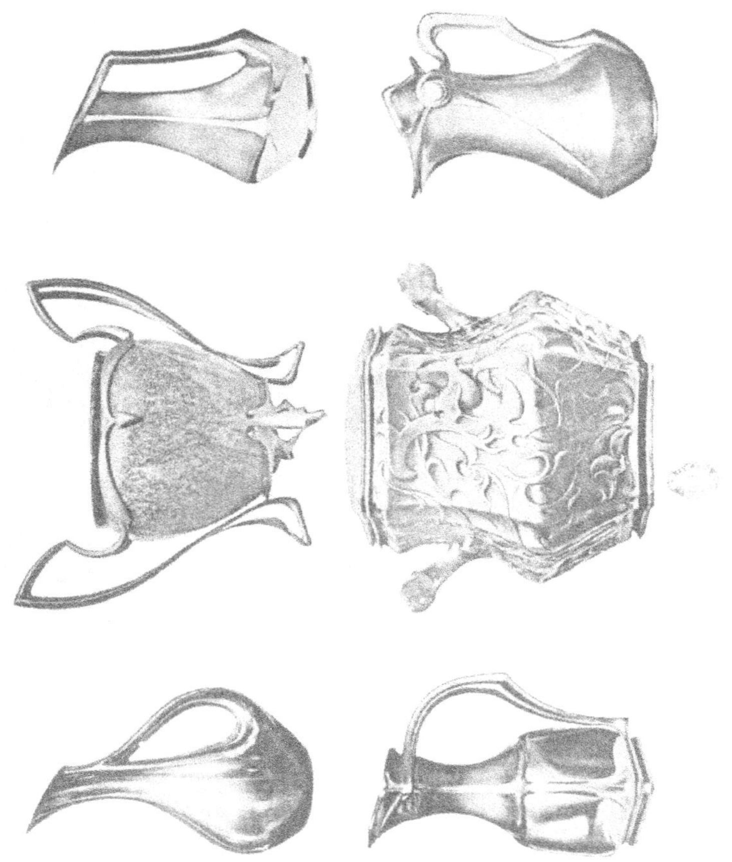

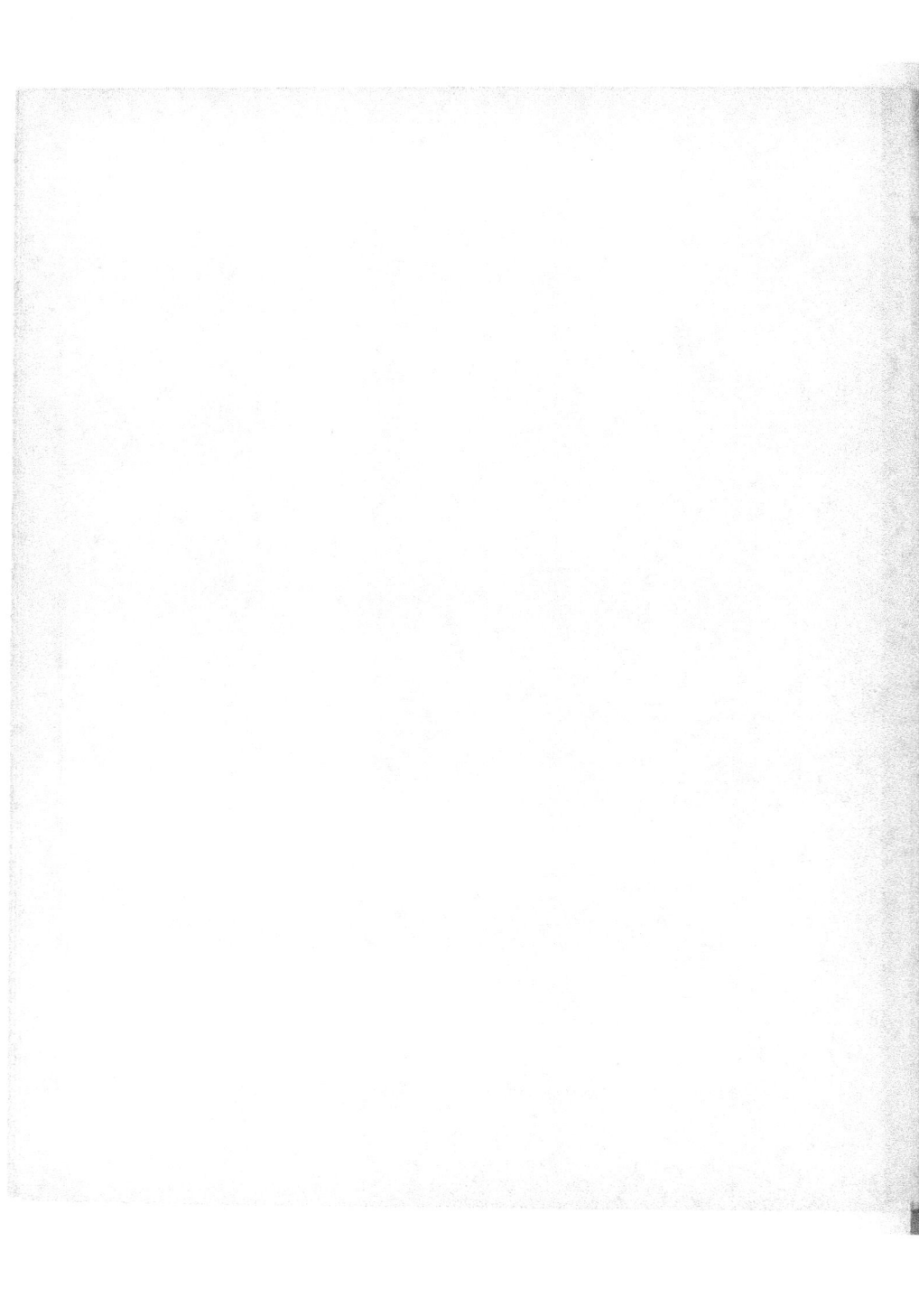

MM. Keller n'y ont pas failli. Leurs broes en argent et en vermeil, pris dans la plaque et montés au marteau, rappellent l'dinanderie si fort en honneur au Moyen âge ; c'est la même ampleur, le même aspect puissant et

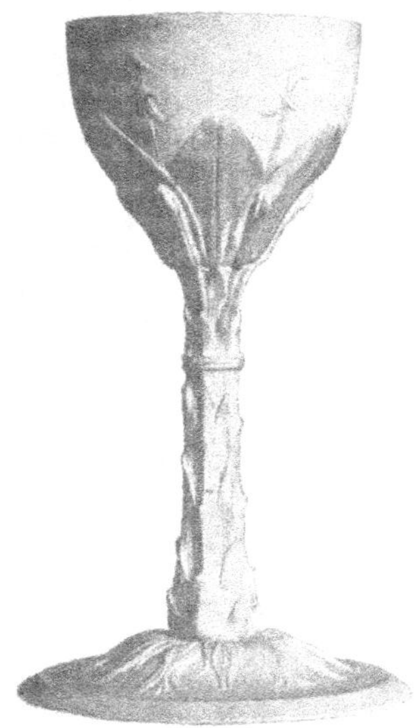

UN VASE, [illegible] PAR M. [illegible]
Exposé par M. [illegible]

robuste. Le prestige d'une mâle simplicité recommandait encore des sertissures de vases sobres et bien adaptées. Plus d'un demeura longtemps hostile aux montures qu'une généralisation hasardeuse [illegible] tinctement comme un luxe inutile; M. Cardeilhac et MM. Keller, M. Gaillard et M. Louchet aussi, s'accordent à démontrer l'inanité et l'injustice de cette prévention.

Les expositions peuvent se succéder, les rivalités se multiplier; la maison Christofle n'en continue pas moins à tenir, parmi les industries d'art, une place et un rôle uniques. C'est la manufacture puissante, à l'initiative en éveil, où les inventions viennent aboutir, les recherches se condenser, les tendances s'annoncer ou se refléter. Grâce aux latitudes ouvertes par l'électrochimie, qui permettent de procurer vite et à peu de frais l'illusion de l'argenterie, elle s'est accoutumée à suivre au jour le jour les variations de l'esthétique, et le répertoire de ses modèles s'enrichit à l'infini. Ses directeurs, MM. Henri et André Bouilhet, se sont donné pour tâche de poursuivre par les procédés scientifiques la diffusion de la beauté. La galvanoplastie seconde à merveille le désir de vulgarisation, et c'est une vanité ou un leurre de penser que nous en ayons déjà épuisé ou même soupçonné toutes les applications. Le parti remarquable qu'en avait tiré l'Autriche pour la décoration des boiseries contient, à lui seul, un enseignement, et n'était-ce pas une des surprises de l'exposition Christofle que ces reproductions d'animaux moulés sur nature, si parfaites et combinées avec tant de discernement qu'elles s'élèvent parfois au style des vieux bronzes japonais? Tout en s'inspirant, le plus souvent, de la vie végétale et en lui devant le thème de leurs meilleurs ouvrages, MM. Bouilhet n'ont entendu proscrire aucun genre de décor, aucune source d'invention; une allégorie de l'Air et de l'Eau, libre et aisée, anime le grand surtout en argent et cristaux opalins de M. Rozet; un autre surtout, de M. Larroux, met vivement en scène les Vendanges; un troisième, en forme de sucrier, montre des enfants joufflus et rieurs s'efforçant d'arracher une betterave gigantesque : il est de M. Mallet, et de M. Mallet aussi le vase aux taureaux, empreint du sentiment de l'antique. La platerie d'argent de M. Joindy, le service à thé platane et le service eucalyptus, la *Soupe à l'oignon* et la *Soupe aux légumes* (M. Mallet), sont parmi les pièces essentielles de cette orfèvrerie, que MM. Bouilhet se sont passionnés à déduire de la flore. Un de leurs titres sera encore de s'être pénétrés de l'aide que la glyptique devait prêter aux industries du métal, et d'avoir obtenu de Boty, de Vernon, de Levillain, des modèles de couverts, de gobelets, de cendriers, aujourd'hui répandus à des exemplaires sans nombre, pour l'honneur de l'art français (1).

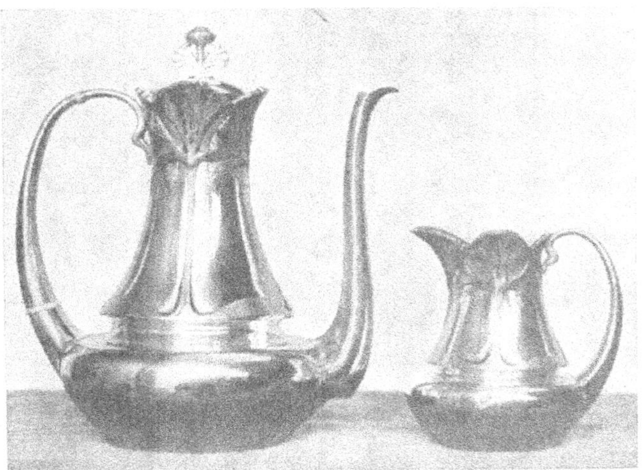

CAFETIÈRE ET CRÉMIER EN ARGENT
[illegible]

Après de pareils résultats, il ne semble guère que la maison Christofle

(1) Des fabricants comme MM. [illegible] à l'ornementation des boîtiers de montres.

ait à prendre ombrage du goût de M. Schnütz, de Cologne, ou de l'activité de M. Krupp, de Berndorf, l'heureux éditeur du surtout composé par M. Othmar Schimkowitz. En dehors des orfèvres d'imitation, un argentier allemand, M. Bruckmann, de Heilbronn, conquiert et retient longuement par l'ardeur constante de sa recherche; l'originalité le sollicite, et naturellement il y cède. Son plus considérable envoi est une fontaine inspirée de la légende de Siegfried, monument élancé, exempt de la coutumière pesanteur germanique, véritable travail d'exposition, qui groupe des techniques et des collaborations diverses et fournit la mesure des ressources et du savoir. Mais le sentiment d'art de M. Bruckmann surtout importe; il était mieux révélé par des ouvrages de moindre proportion, — cassettes, coupes, candélabres, jardinières, — et par une suite de couverts historiés, rehaussés de figures de M. Rieth. D'ailleurs, nous touchons ici à l'un des traits distinctifs de la section d'orfèvrerie et de bijouterie allemandes; que le catalogue en fasse ou non l'aveu, en dehors des expositions collectives (comme celles de Pforzheim ou de Schwäbisch-Gmünd), les modèles sont, toujours ou peu s'en faut, dus à de hautes personnalités ou à des artistes. A Paris, il est arrivé au prince Karageorgevitch de modeler avec esprit de précieuses et mignonnes cuillers destinées à l'enfance, des ornemanistes de talent, les Lelièvre, les Peureux, les Coupri, ont pu s'instituer, à bon droit, orfèvres; d'autre part, nos médailleurs et nos statuaires accordèrent parfois à des industriels la faveur de leur concours; au total, le cas est peu commun chez nous : de l'autre côté du Rhin, il est devenu la règle. A tout instant se retrouvent les signatures des

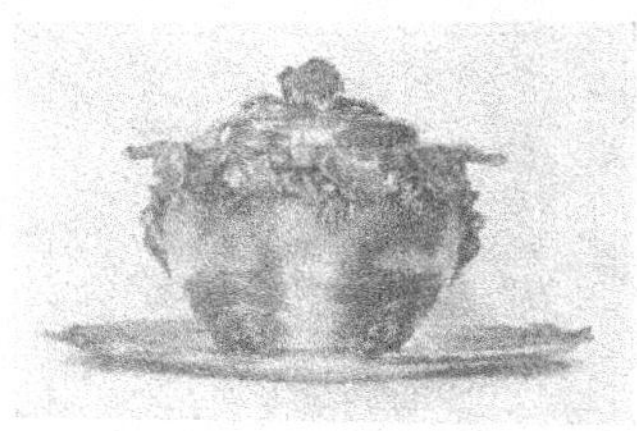

« LA SOUPE AUX LÉGUMES », MODÈLE DE M. MALLET
(Maison Christofle.)

« professeurs » Gœtz et Volz de Carlsruhe, Wiese de Hanau, Widemann de Berlin, Waderé et Fritz von Miller de Munich. L'Allemagne n'a pas renoncé aux figurations d'animaux en métal précieux, traditionnelles là-bas, et

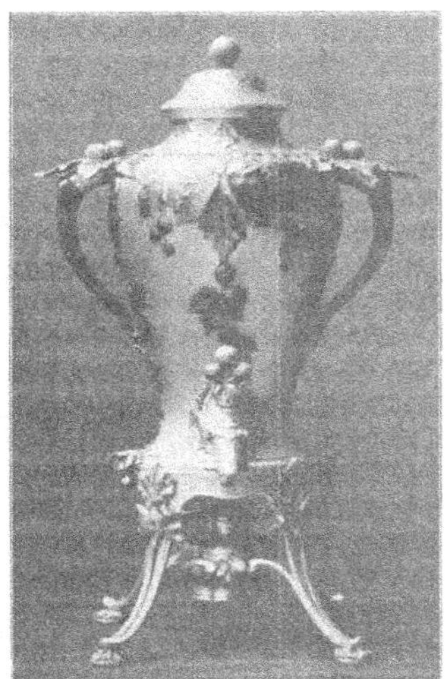

[illegible]

M. Schœnauer en groupait de très caractéristiques. Mais le maître orfèvre de Hambourg ne se faisait pas seulement gloire de ses poissons, de ses hanaps, de ses *pokale*; il se piquait encore d'être de son temps, et savait égaler les meilleurs d'entre les modernes avec ses cuillers à manches ornés de figures, avec ses coupes garnies, à la base, de plants de fraises, de muguets, de roses ou d'œillets.

« Par le marteau et la main, tous les arts se maintiendront. » La devise, relevée sur une argenterie vieille de bientôt trois siècles, pourrait être celle de la manufacture américaine de Gorham : les pièces qu'elle produit sont d'ordinaire martelées et repoussées. Cette préférence de technique se justifie par la parfaite convenance à l'argent du travail au marteau, et parce que le procédé assure les chances d'une ornementation délicate, émergeant de la forme sans en altérer les profils; comme en Europe elle dérive de la flore, à laquelle vient parfois s'allier la figure humaine. On ne se lasse point d'admirer le talent et l'imagination dépensés libéralement, en prodigue. C'est merveille que, le goût de New-York différant du nôtre en tant de points, la manufacture de Gorham soit parvenue, sans mécontenter l'Amérique, à si souvent nous satisfaire. Parmi ces nouveautés abondent des inventions charmantes, les plus simples à notre avis, et une série de plateaux à semis de feuilles et de graines prouvait un constant affinement du plus favorable augure.

On dirait que MM. Tiffany se sont fait un jeu d'opposer à la culture d'art issue du gréco-romain une culture autre, particulière, dont les éléments seraient exclusivement fournis par les civilisations orientales ou scandinaves. Les œuvres de cette maison acquièrent par là un aspect étrange, qui n'est nullement contradictoire avec la beauté; MM. Tiffany ne chôment pas à le prouver.

Les États-Unis ont devancé la Grande-Bretagne dans la renaissance de l'orfèvrerie; on en découvre cependant les symptômes dans les projets pour *The National Competition* montrés à la section pédagogique (Champ-de-Mars) et dans l'exposition de la *Goldsmith's and Silversmith's Company*. A Paris, en 1900, la suprématie de l'Angleterre au point de vue des arts appliqués était moins établie par ses ouvrages que par le progrès de ses écoles, par la diffusion de son enseignement et l'étendue de son influence. Aussi bien, les rares productions d'outre-Manche imposées à notre souvenir

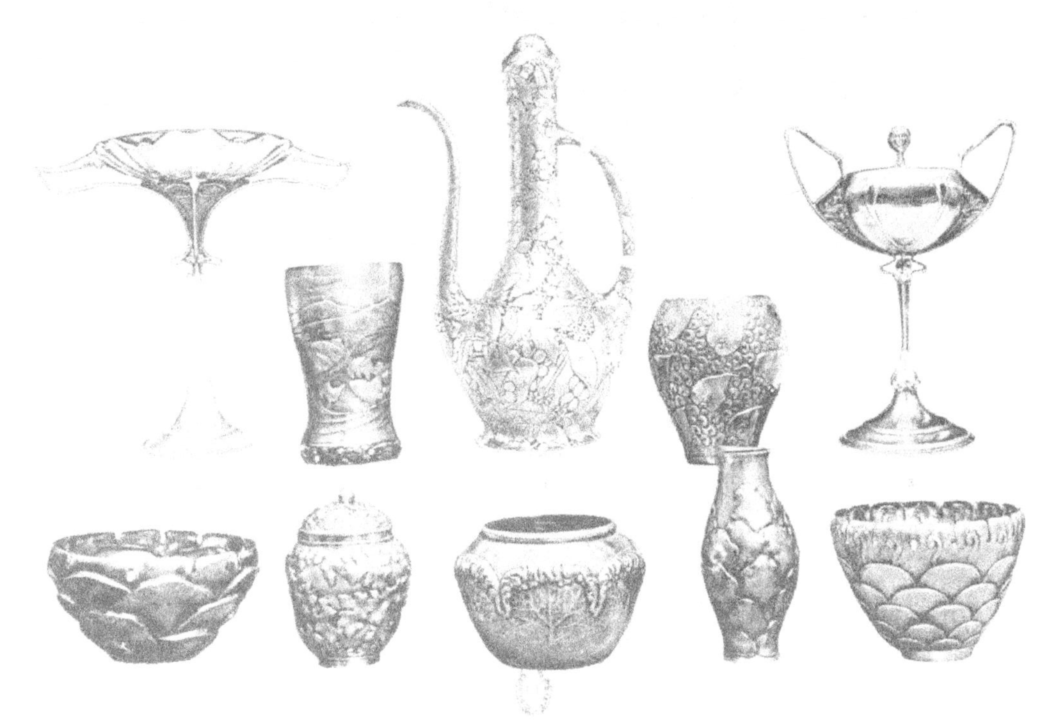

sont-elles indemnes de tout emprunt à l'étranger. L'isolement de l'Angleterre protège le pays contre les atteintes de l'internationalisme et la fusion universelle des styles. Qu'était-ce, ces argenteries de la *Goldsmith's and Silversmith's Company?* Des services, des drageoirs, des jardinières, ornées de figures à la Greenaway, des coupes, et même des boîtes à ficelle;

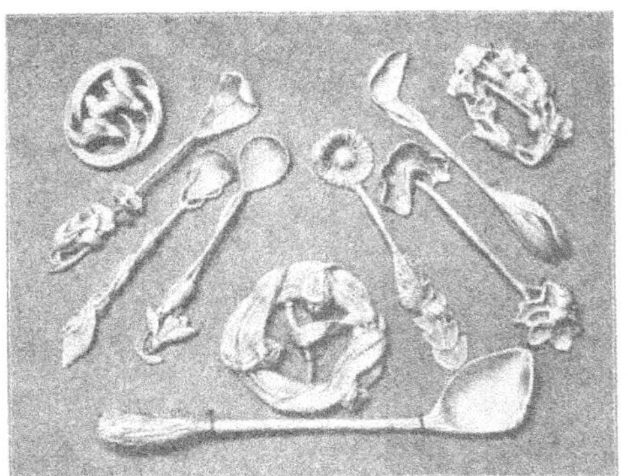

ORFÈVRERIE ET PIÈCES D'UN SERVICE D'ENFANT
PAR LE PRINCE KARAGEORGEVITCH

mais chaque pièce conservait l'attrait toujours captivant du caractère local et de l'originalité foncière.

Ne dépassons pas la mesure en attribuant à l'Angleterre le privilège exclusif de l'indigénat. Quitte-t-on l'Europe centrale, aussitôt les signes différentiels de chaque tempérament réapparaissent. Voici, de M. Frans Hoosemans, de Bruxelles, des milieux et des bouts de table, où des figures d'ivoire encadrent leur nudité dans des ramures, dans des flots d'argent; tout de suite, la luxuriance des formes rattache le souvenir à Rubens et à la tradition flamande. A mesure que l'on remonte vers le Nord, en Hollande, en Danemark surtout, la décoration change d'aspect, se fait plus mâle, plus ample : voyez la « chaudronnerie » d'argent de M. Hœcker, discrètement rehaussée d'émaux, et d'une austérité digne du style roman ; voyez M. Zwollo, qui s'attaque à quantité de matières et y repousse une ornementation linéaire si simple qu'elle rappelle telle pièce exhumée du trésor de Mycènes. Sur les coupes, les bols, les aiguières, exécutés d'après M. Bindesböll par M. Michelsen, de Copenhague, plus de tendres modelés, plus de détails amoureusement inscrits par le ciselet, mais des reliefs énergiques, des fleurs et des feuilles du pays, traduits au vrai avec un naturalisme intransigeant, rude, âpre, sauvage peut-être, mais sincère et touchant à l'extrême.

La remarque ne date pas d'hier : dès qu'un art se consacre à la femme, le Français est assuré d'y exceller. Le dénombrement est rapide des bijoux parachevés hors de nos frontières et doués d'un durable attrait. Encore n'est-il pas démontré que la « mode française » soit toujours étrangère à leur composition. Notre action rayonne par intermittence sur la fabrication de Pforzheim (M. Zerenner, M. Kuppenheim) ; des maîtres tels que M. Werner de Berlin, M. Fœhr de Stuttgart, M. Rothmüller de Munich, M. Tostrup de Christiania, M. Fabergé de Saint-Pétersbourg, M. Fœrster de Vienne, savent le plus souvent s'y soustraire, et, de même, M. Wisinger de Budapest et MM. Tiffany de New-York, pour de très évidentes raisons : celui-là se borne à rajeunir la tradition hongroise ; les autres proposent comme fin à leur art de révéler « la richesse minérale des États-Unis » ; et le parti de MM. Tiffany est si impérieux qu'ils n'hésitent pas à rapprocher des pierres de tons discords, quitte à violer les lois élémentaires de l'harmonie et à blesser la vue.

Même aux pires jours de son histoire, la joaillerie française n'a jamais connu l'opprobre de pareils errements. On retiendra cependant que Massin, analysant la contribution de ses disciples à l'Exposition de 1889, regrettait, à propos des guirlandes, des traînes de feuillages, des diadèmes à dispositions rayonnantes, « que la technique et le dessin fussent si souvent identiques dans la main de tous, après un quart de siècle », et il concluait que l'heure était venue « de trouver autre chose ». A quoi attribuer la stagnation signalée par Massin ? A ceci que la joaillerie subordonnait la fantaisie de l'artiste à la mise en valeur de la gemme, et à ce que le prix

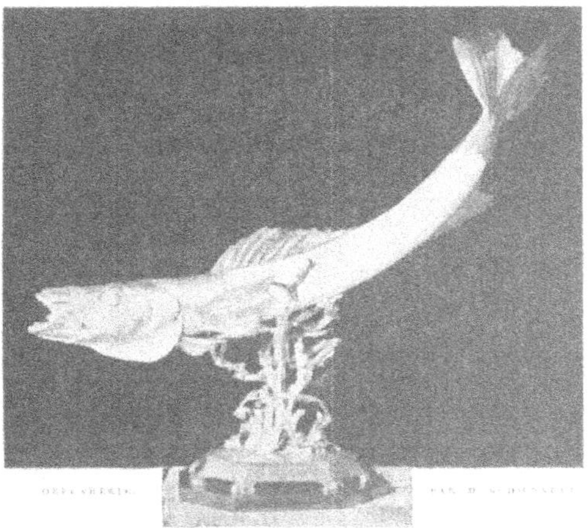

ORFÈVRERIE. — PAR [illegible]

de la pierre l'emportait sur l'intérêt de la monture. Ce fut la gloire de M. René Lalique d'intervertir les rôles et d'obliger l'esprit à reprendre le pas sur la matière. Victoire édifiante et décisive entre toutes ! Les lois d'exception et les défenses caduques étaient abrogées. A quoi rimaient les démarcations vaines et le séparatisme entre les métiers ? Plutôt que de s'isoler, les techniques ne devaient-elles pas se prêter un mutuel appui ?

De telles libertés entraînaient une réforme complète dans l'esthétique de la parure féminine. Cette réforme, l'Exposition de 1900 la consacre.

A interroger les vitrines de ceux chez qui l'art du bijou s'est transmis héréditairement, comme un honneur ou comme une charge, il apparaît net et clair que MM. Froment-Meurice, Falize, Roger Sandoz, sans rompre avec le passé, ont suivi une évolution jugée favorable au progrès de leur art. Il n'est pas jusqu'aux monteurs à qui elle n'ait été salutaire, en exaltant leur mission, en les contraignant à se dépenser et à faire oublier par la beauté l'excès de la richesse. De toutes les joailleries, la plus vaste, la plus somptueuse, la plus féerique, le devant de corsage exposé par M. Chaumet, doit sa splendeur moins au nombre, à la grosseur des diamants qu'à la composition qui en a réglé l'emploi et qui a fait chatoyer l'eau des pierreries comme les ondes d'une cascade, comme des fusées de lumière.

Il nous plaît d'applaudir aux effets de l'émancipation dont M. René Lalique a donné le signe. L'art entier bénéficie ainsi de son action et de l'autorité de ses exemples. Pourvu, seulement, qu'on ne les copie pas servilement en se tenant à la lettre sans remonter à l'esprit. Tout compte fait, le pastiche est-il aussi constant qu'on le veut bien prétendre? Les ouvrages exposés par M. Boucheron, M. Coulon, M. René Foy (le *Diadème aux violettes*) se différencient déjà aisément. Dans ceux de M. Colonna, de M. Marcel Bing, une personnalité hautement s'affirme. Le talent de M. Mucha a doué l'exposition de M. Fouquet d'un accent quelque peu exotique, non dépourvu d'étrangeté ni de charme. D'aucuns ont manifesté certain dépit de cette collaboration. Elle est ni pour nous surprendre, ni pour nous alarmer. M. Mucha n'a pas prêté à M. Fouquet le seul appui de sa verve décorative; il lui a apporté une conception personnelle du bijou; il a imaginé des parures de tête d'un luxe barbare : a un casque d'or pendent des chaînes où s'attachent de grands anneaux qui encadrent l'oreille et se terminent par des croissants à breloques. Des agrafes de robe sont plus compliquées encore : le motif principal en est formé par un

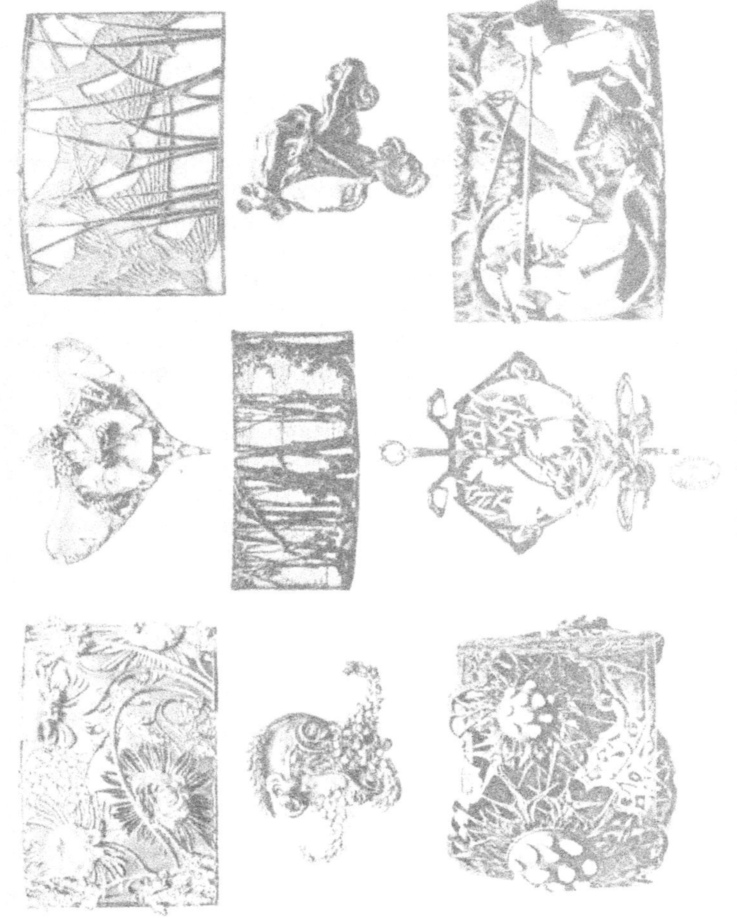

pendentif oblong à miniature, relié aux larges épaulières émaillées par cinq chaînes dont les maillons se diaprent de pierreries. Je ne me mêle

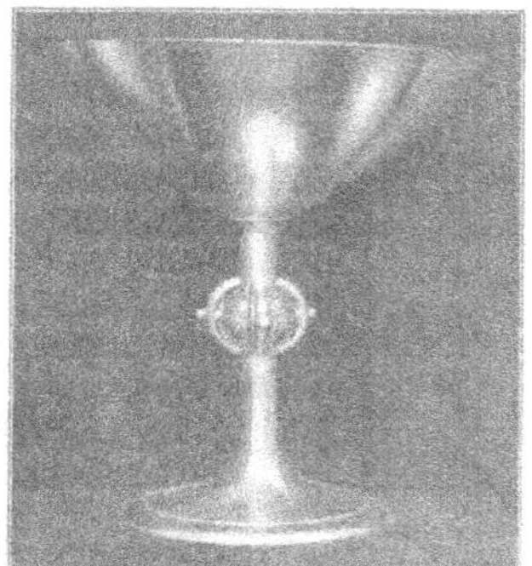

VASE EN ARGENT, PAR M. HOECKER

pas de déterminer dans quelle mesure de pareils ouvrages peuvent répondre aux habitudes de notre temps et convenir aux modes de notre pays. L'in-

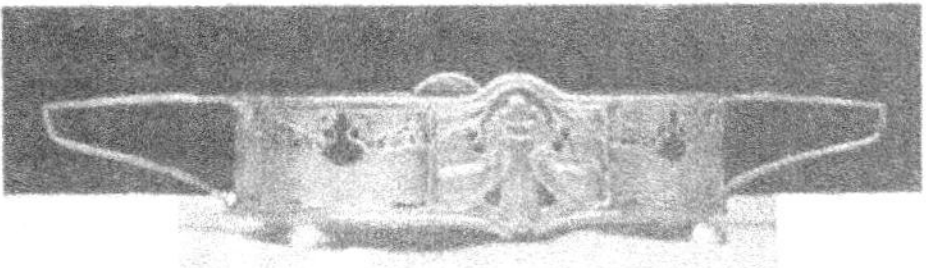

JARDINIÈRE EN ARGENT
(Exposée par la Goldsmiths and Silversmiths Company, Ld)

vention, le métier seuls sont en cause, et, à ce double titre, les bijoux de M. Mucha commandent l'intérêt. Ceux-là mêmes qui les censurent avec le plus d'âpreté ne failliraient pas à en célébrer le prix si, au cours de quelque excursion vers l'Orient, ils avaient pu s'attribuer le mérite de les découvrir.

Les boucles et les broches issues de la collaboration de M. Grasset et de M. Vever ont rencontré un plus favorable accueil : le dessin comme le modelé est large, énergique ; ils possèdent je ne sais quelle allure néo-byzantine, avec leurs cabochons de topaze, de cornaline, d'améthyste, semés en larmes sur l'or émaillé et ciselé. Ces libres fantaisies ajoutent au nombre des créations neuves qui certifient le goût de M. Vever, l'activité de son labeur, sa belle entente des règles de son art. Tenez que cet imaginatif rappelle par plus d'un endroit les classiques. Il veille au balancement des lignes et des masses, au registre des gammes, à l'intensité lumineuse de l'ensemble ; il veut le décor simplifié par la vertu d'éliminations successives et fermement écrit afin d'être discerné de loin. En somme, M. Vever semble l'orfèvre prédestiné pour établir la transition entre l'ancienne école et la nouvelle, entre le joaillier pur et le bijoutier-joaillier, entre M. Massin et M. René Lalique. Ne suffit-il pas, pour s'en convaincre, d'étudier les diadèmes à plumes de paon, à monnaie-du-pape, le pendentif à ancolie ou la broche à épis ? Les montures relèvent du modernisme le plus franc, tout en sachant à merveille exalter la qualité des gemmes ; puis, à la différence des aînés, M. Vever poursuit l'expression du décor par l'association des matières, et on le voit progressivement, pondérément, opposer aux facettes scintillantes du brillant la matité de l'émail dépoli, unir à l'eau du diamant l'azur de l'opale.

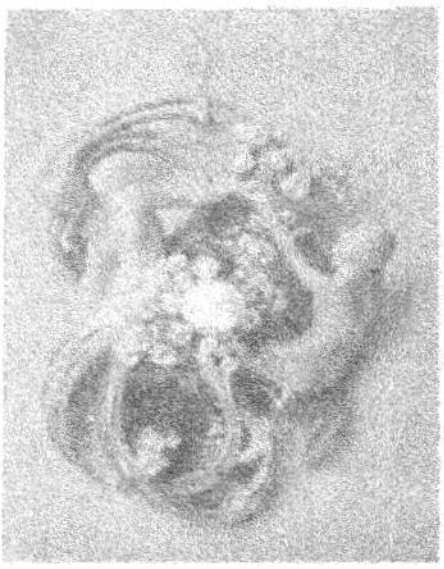

PENDANT, PAR M. VEVER

Le premier étonnement que cause l'art de M. René Lalique vient du contraste de ses entreprises. Il eût suffi de quelqu'un de ses joyaux pour fonder la réputation et assurer la gloire d'un joaillier d'antan. Aux dons de l'instinct s'ajoutent chez lui les acquisitions de la culture la plus vaste. L'imagination ne l'a pas détourné de considérer le travail de ceux qui surent, le long des siècles, atteindre à la beauté. Ses regards sur les civilisations anciennes et lointaines n'ont provoqué aucune imitation, et dans

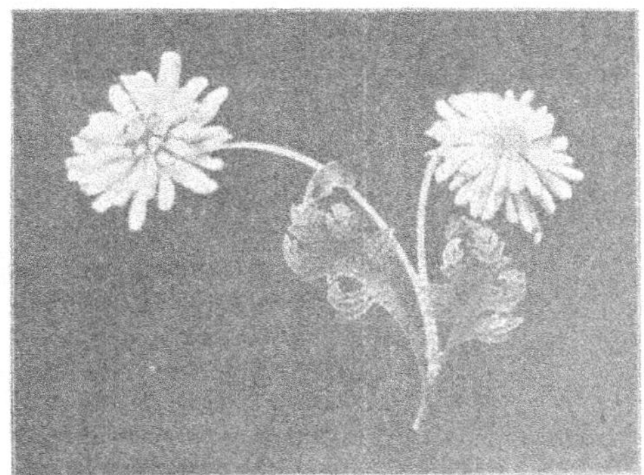

CHRYSANTHÈMES EN PERLES ET DIAMANTS, AVEC FEUILLAGE D'ÉMAIL. BIJOU DE CORSAGE, PAR M. VEVER.

tout l'œuvre vous ne relèverez point une réplique du passé. L'inspiration, libre et planante, s'éprend aussi bien de l'humble vérité que des mirages somptueux de l'au-delà. Le conte, la légende, les drames ont suggéré le thème de mainte composition charmante, et l'on retiendra avec quel bonheur d'ordonnance M. René Lalique sut disposer dans le rectangle d'une plaque de collier l'épisode d'un tournoi, l'entre-choc de deux chevaliers fonçant l'un sur l'autre, la lance tendue, avec une fougue emportée. Le goût de l'irréel suscite l'évocation d'un bestiaire fabuleux, et tour à tour

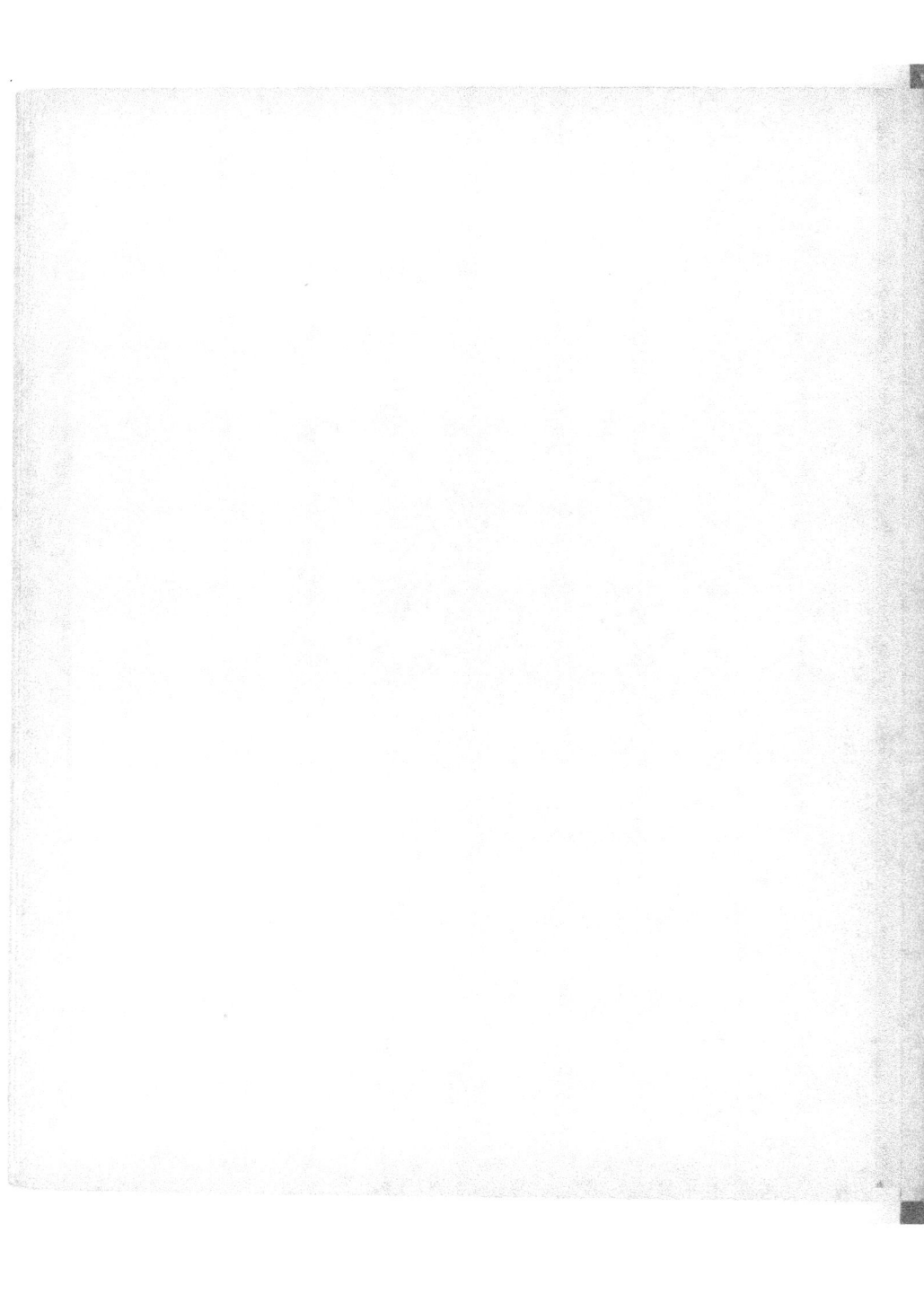

se plaît à animer de quelque silhouette les campagnes qu'il évoque; ou bien encore le corps de la femme, voilé ou dévêtu, lui permet de fixer de loïe-fulleresques apparitions, de s'instituer un rival, pour la grâce, des coroplastes de Tanagre.

On connaît maintenant à quelles sources s'alimente la poétique de M. René Lalique. Leur abondance n'a de comparable que la diversité des moyens d'expression et des procédés, si bien que chaque joyau s'impose autant par l'originalité du concept que par l'attrait de sa traduction dans la matière précieuse; mais toujours le métier se subordonne à l'invention et c'est à en exalter le caractère par l'effet d'ensemble que tendent les ressources d'une science vraiment protéiforme. Étudié en lui-même, isolément, le métier combine, allie toutes les techniques et relève à la fois de la peinture, de la statuaire, de la glyptique. M. René Lalique s'y montre coloriste, tour à tour épris des tons graves ou apaisés, puissants ou vagues, modeleur délicat de médailles et graveur très précieux d'intailles. L'émail translucide ou peint, les pierres dures ou tendres, précieuses ou communes, les perles régulières ou baroques, lui constituent une palette aux mille nuances, et il sait encore par quels traitements, par quelles oxydations attribuer au métal qui les enchâsse la séduction d'un cadre approprié, concordant.

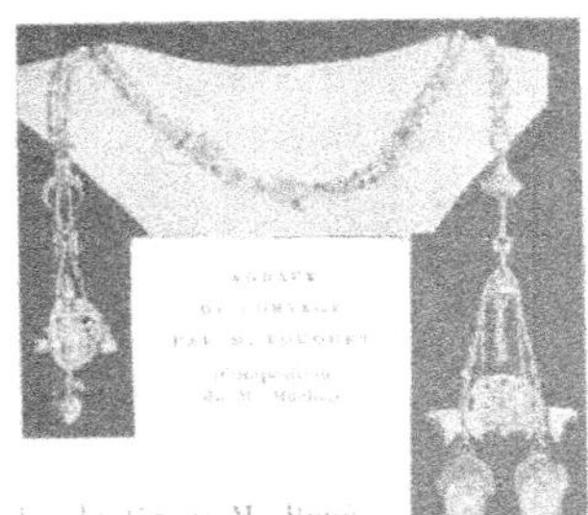

AGRAFE DE CORSAGE PAR M. FOUQUET composition de M. Mucha

Depuis l'épingle, l'agrafe, la boucle, jusqu'à la broche et la bague, jusqu'au pendant, au collier, au diadème, il n'est pas un bijou que M. René Lalique n'ait rénové; il en a restauré d'oubliés, comme la plaque, les devants de corsage et les « bracelets de manches »; il en a même créé, le jour où il a élevé au rang des joyaux le peigne, que seuls les Japonais avaient eu souci d'embellir avant lui; il s'est distrait à faire œuvre d'argentier dans des surtouts, des coupes, des drageoirs, des cendriers blasonnés de chardons. De l'une à l'autre de ces inventions le souvenir erre, sollicité par ces images où les chauves-souris volettent parmi les étoiles de diamant, où les cygnes glissent en silence sur l'opale des eaux, où des poissons fendent des flots d'émail, tandis que des serpents convulsés vomissent de leur gueule béante des chapelets de pierreries...

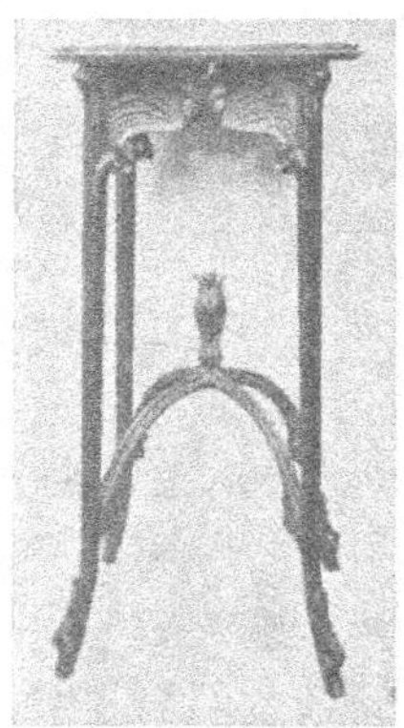

SELLETTE
À DÉCOR TIRÉ DU BANANIER,
PAR M. ÉMILE GALLÉ

René Lalique, Émile Gallé : ces deux noms résument nos plus chères admirations et nos meilleurs espoirs. Leur maîtrise offre à la fois la plus haute expression et le dernier état des arts de la vie en notre pays de France. L'un et l'autre ont rang d'initiateurs. L'imagination anémiée des peuples sollicite aujourd'hui de la flore le secret des rajeunissements; — de cela l'Exposition fait foi. Or, depuis ses débuts, c'est justice de le rappeler, M. Émile Gallé a demandé à la campagne seule, pour ses verreries, ses faïences et ses meubles, la suggestion de la forme et du décor; la présence d'œuvres anciennes dans les sections centennales marquait la date déjà lointaine où remontent ses applications modernistes de la plante stylisée. Avec le temps, la dévotion au sol ancestral s'est encore fortifiée, et elle nous a valu, en 1900, des meubles plus que jamais riches en signifiance et en beauté. Comme de coutume, la terre de Lorraine fut la bonne inspiratrice : la prairie, la charmille, la forêt ont dicté l'ordonnance ou la parure de tel guéridon, de tel bureau, de tel dressoir de frêne. Une table à manger repose sur de solides arcatures dérivées du bourgeonnement du saule. Les ombellifères

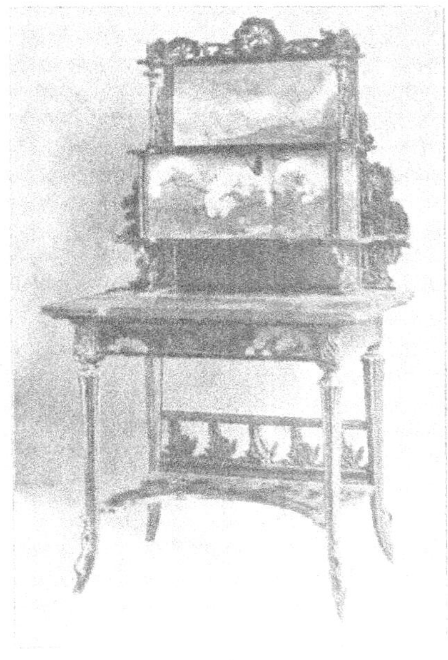

(dont M. Gallé découvrit dès 1895 les vertus décoratives) s'épanouissent aux rayons des étagères; la clématite sauvage des haies s'enroule autour de la vigne dont les ramures couvrent d'un dais certain buffet de menuiserie mosaïquée; et toujours les bois se sertissent l'un l'autre, s'habillent de marqueterie, se fouillent de sculptures, — l'unité du thème se poursuivant à travers la diversité des techniques. Sommé de s'expliquer sur la situation du mobilier contemporain, M. Émile Gallé écrivait : « Le meuble devra être logique, commode, artistique, d'un art plein de naturelle santé, vivant, humain et vrai. » M'est avis qu'en s'exprimant de la sorte le maître définissait mieux que nul ne le saurait faire l'aboutissement de son propre effort. Qu'il soit permis pourtant d'ajouter que le réalisme où M. Gallé se complaît et qu'il préconise ne rime pas à l'imitation des apparences, mais qu'il se magnifie et se complique de tout ce que peuvent ajouter à l'amour de la nature le symbolisme d'un philosophe, l'imagination d'un poète, l'idéal d'un justicier.

D'ailleurs, M. Émile Gallé n'a-t-il pas dit quelque jour (1) : « Conscient ou inconscient, le symbole qualifie, vivifie l'œuvre, il en est l'âme... » Puis encore : « L'expression morale des végétaux est purement symbolique. Concitoyen d'un des plus délicieux symbolistes, Grandville, nous avons appris à lire dans ses *Fleurs animées* et ses *Étoiles*; et nous savons bien que cette éloquence de la fleur, grâce aux mystères de son organisme et de sa destinée, grâce à la synthèse du symbole végétal sous le crayon de l'artiste, dépasse parfois en intime pouvoir suggestif l'autorité de la figure humaine... Nuances, galbes, parfums sont les vocables de ce que Baudelaire appelait :

Le langage des fleurs et des choses muettes. »

M. Émile Gallé avait d'autant plus qualité pour se prononcer, qu'après bien des détours plusieurs s'engagent dans la route qu'il a frayée et qui longtemps resta déserte, honnie. A l'Exposition de 1889, son cas était anormal; plus tard seulement se sont produites les tentatives qui visèrent à nous délivrer de la tyrannie despotique des styles morts. Au cours de ces

(1) *Le Décor symbolique*, discours de réception de M. Émile Gallé à l'Académie de Stanislas.

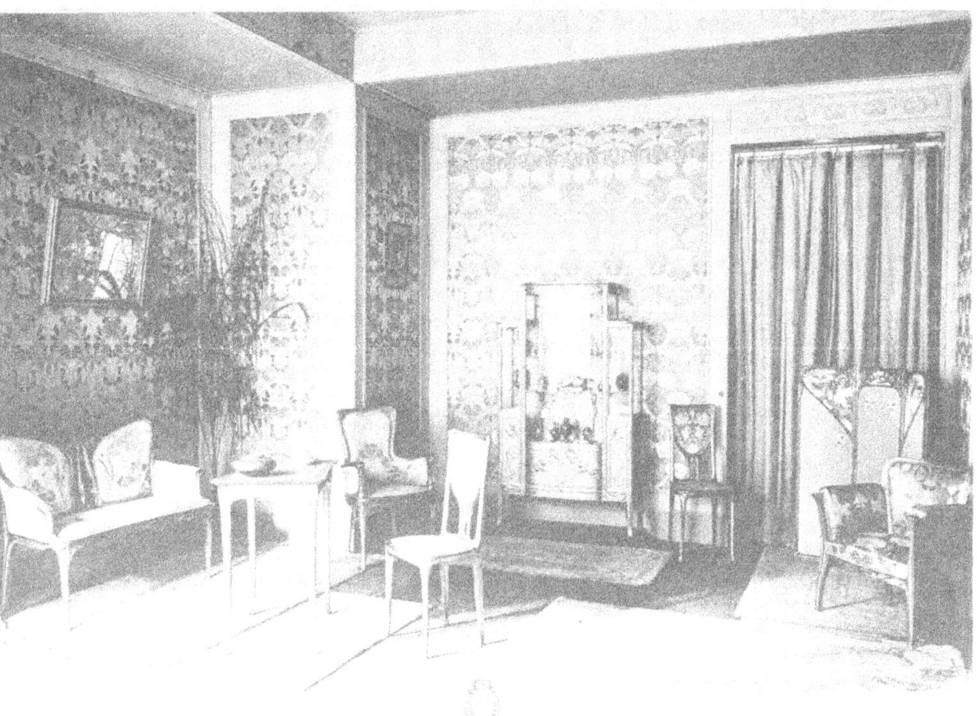

AMEUBLEMENT DE PETIT SALON PAR M. DE FEURE

EXÉCUTÉ PAR L'ART NOUVEAU BING

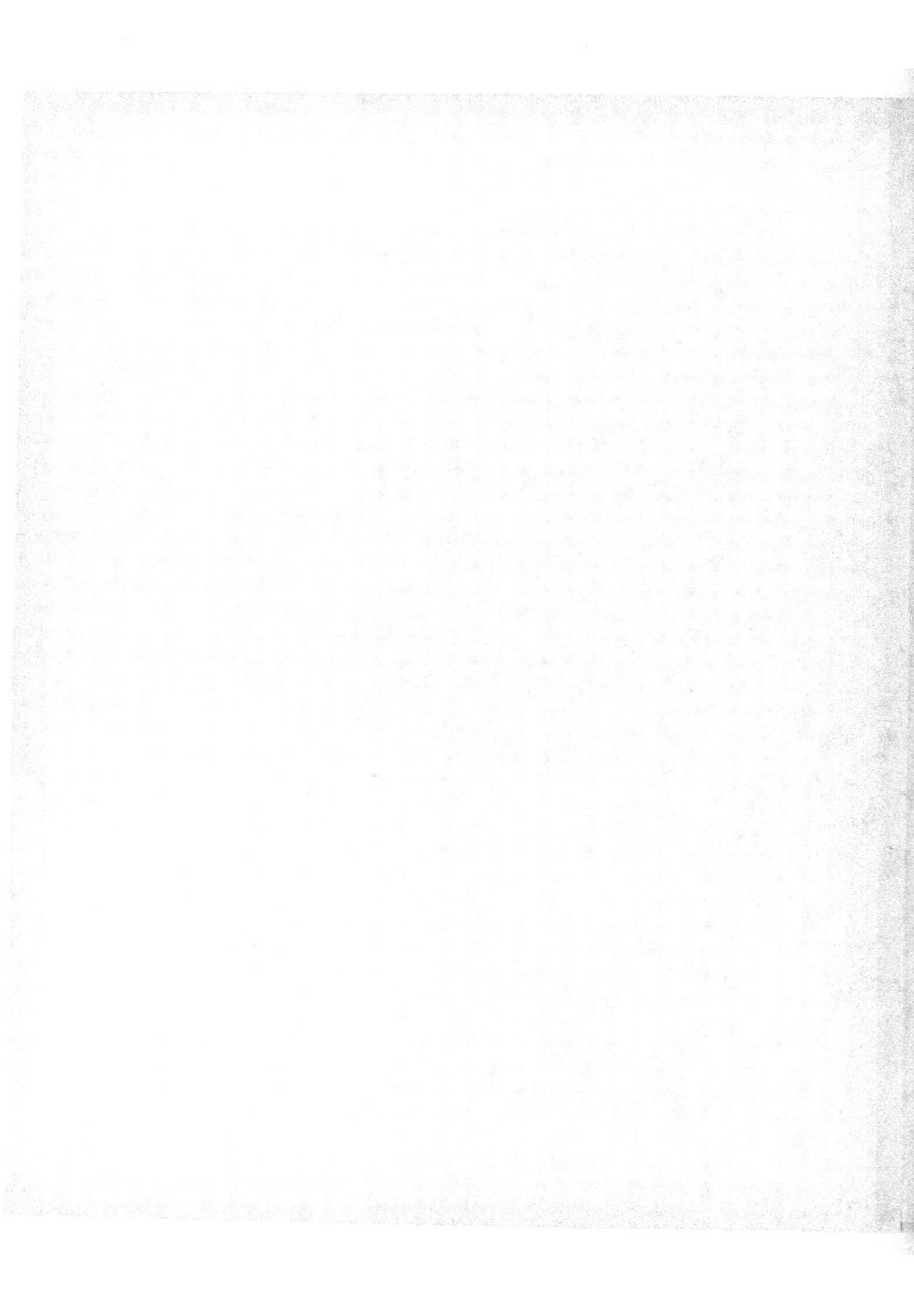

dix dernières années, le mobilier français a subi des fortunes dont on a gardé le souvenir et dont on peut suivre la trace. Nous avons rapporté comment une revendication tardive de leurs droits amena les architectes à sup-

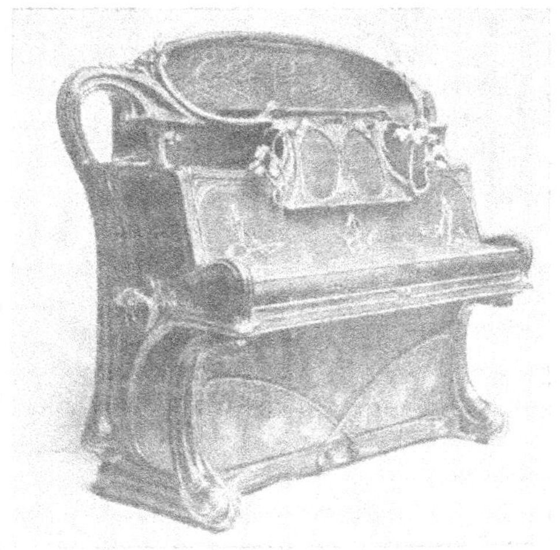

[illegible]

planter les tapissiers dans la décoration intérieure. Retenez quelles causes devaient, sinon compromettre cette intervention, du moins en limiter l'effet. Les architectes ont été les premiers propagateurs de l'influence anglaise. A raison de cette influence et de leurs inclinations professionnelles, et sauf l'exception de M. Genuys, de MM. Plumet et Selmersheim arrivant à point pour confirmer la règle, ils furent induits à se contenter d'une recherche de lignes, de profils, réalisant déjà un progrès, mais inapte à satisfaire toutes les aspirations de notre tempérament, toutes les exigences de nos demeures. Un mobilier rigide, à bois nu, sans décor, s'admettait pour un bureau, une salle à manger, peut-être, dans un salon, il devenait hors d'emploi (1). Qu'on se rappelle plutôt la révolte d'un admirateur fervent des styles français à la vue des premières simplifications mobilières : « Quoi! dit Edmond de Goncourt, ce pays, qui a eu le coquet et rondissant mobilier de paresse du XVIIIe siècle, est sous la menace de ce dur et anguleux mobilier, qui semble fait pour les membres frustes d'une humanité des cavernes et des lacustres! La France serait condamnée à des formes comme couronnées dans un concours du laid, à des coupes de baies, de fenêtres, de dressoirs, empruntées aux hublots d'un navire, à des dossiers de canapé, de fauteuils, de chaises, cherchant les rigides platitudes de feuilles de tôle, à des toilettes et autres meubles ayant une parenté avec les lavabos d'un dentiste des environs de la Morgue! »

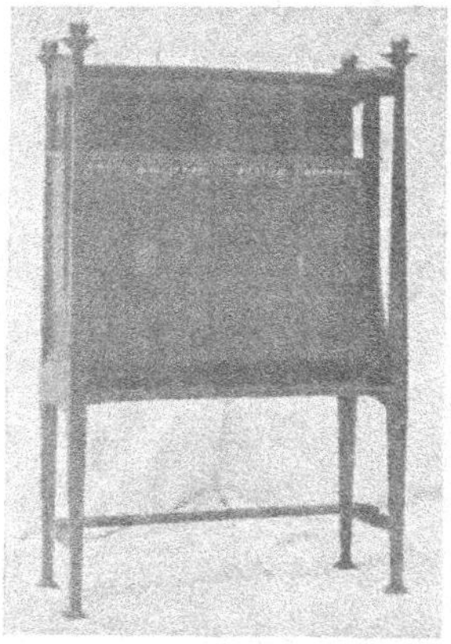

CABINET DE STYLE ANGLAIS MODERNE EN CHÊNE TEINTÉ, COMPOSÉ PAR M. RICHTER
(Manufactures de Bath).

En somme, l'influence anglaise, dont s'effarait Edmond de Goncourt,

(1) Cette nudité insupporte au point que la menuiserie des pianos s'agrémente de marqueteries, se couvre de sculptures, comme il appert des expositions des maisons Pleyel, Wolff et Lyon, Érard. M. Rupert Carabin avait décoré de figures un piano de M. Herz. — Le soufflet lui-même recevait, grâce à M. Marshall Cutler, la parure d'amusants reliefs.

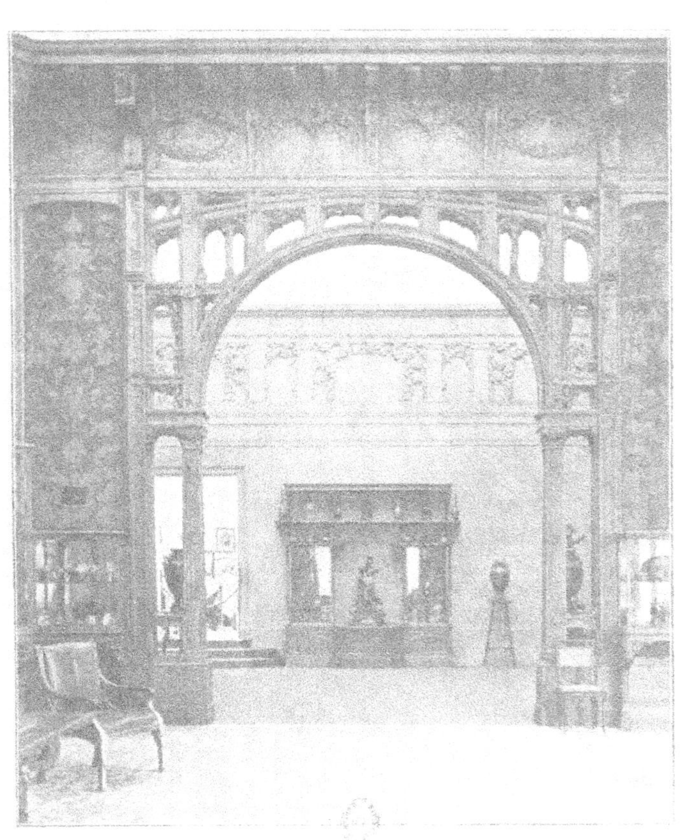

ne s'est exercée utilement que dans la mesure où elle s'est accordée avec l'atavisme de notre goût. Elle a pu aider au changement d'aspect des appartements, déterminer le retour aux peintures claires, qui étaient d'usage courant chez nous au XVIIIe siècle. Son rôle, en ce qui vise l'ameublement, s'est borné à prodiguer les rappels à la logique. Et comment aurait-il pu en aller autrement, quand on songe aux différences qui séparent les deux races? Si l'exposition anglaise du mobilier nous a

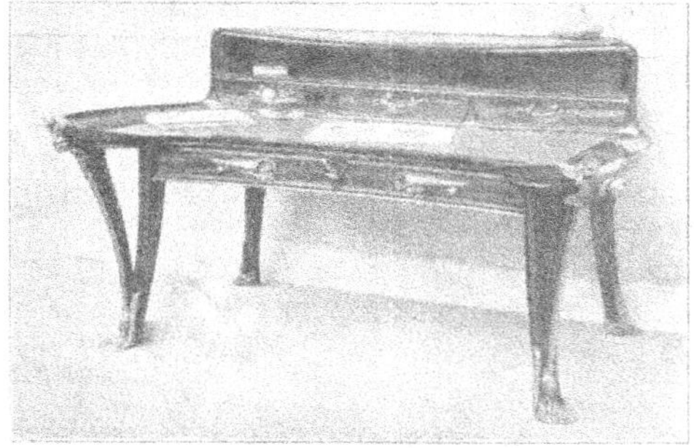

BUREAU ORNÉ DE BRONZES, PAR M. MAJORELLE

intéressé, c'est surtout par son caractère indigène, par la pleine satisfaction donnée à des besoins qui ne sont pas les nôtres. Malgré des recherches ingénieuses et des détails parfois charmants, la suite d'aménagements de MM. Warring et Gillow ne réussissait qu'à affirmer des variations radicales d'esprit et de vie. L'impuissance à réaliser une sculpture ligneuse acceptable éclatait au pavillon de la Grande-Bretagne. En revanche, les manufactures de Bath montraient des cabinets puis des revêtements de cheminée ingénieusement agencés de manière à former étagères, et suggérant bien l'idée des longues heures passées auprès du foyer sous un climat froid et brumeux. Quant à MM. Heal, leurs créations les meilleures étaient les plus pratiques — celles dont Gleeson-White avait dessiné les modèles, — et l'on se demande, à ce compte, s'il ne sied pas plutôt de faire état de certains mobiliers du Nord, comme ceux de l'atelier de « l'Iris » en Finlande, ou de M. John Borgersen, de Christiania. Tant il est vrai que le vulgaire utilitarisme répugne à notre délicatesse, et que le confort ne vaut chez nous que paré d'élégance et de beauté.

Ils l'ont bien compris, MM. Alexandre Charpentier, Epeaux, Hoentschel, Dumas, de Feure, Colonna, qui ont rivalisé à fleurir le bois d'une végétation luxuriante ou discrète. Au cours de l'entreprise, chacun découvre son idiosyncrasie. Alexandre Charpentier, de tempérament réaliste, rustique, couronne les lambris de pampres de houblon, jette sur les volets des buffets des sarments de vigne, des gerbes d'épis. Tout sculpté de branches de pommiers en fleurs, le mobilier de M. Epeaux relève d'un art singulièrement franc, robuste et sain. Au pavillon des Arts décoratifs, dans la salle centrale si claire et d'une homogénéité rare, l'églantier, puis l'olivier, symbole de labeur et de paix, poussent leurs souples ramures sur les portiques, les corniches, ou bien enveloppent capricieusement l'entour des vitrines, l'ébénisterie des sièges. L'ombellifère, chère à Gallé, règne en maîtresse dans le salon-bibliothèque installé par M. P.-A. Dumas. Le goût affiné de MM. de Feure, Colonna, élit des plantes plus rares ; il en tire de discrets motifs, dont les doux reliefs ornent le dossier des canapés et les panneaux des vitrines en citronnier, ou même en bois doré, selon le goût de nos pères. Sous la diversité apparente des modes d'expression, on reconnaissait la concordance des efforts vers un but précis chez M. Gaillard (salle à manger de l'« Art nouveau-Bing »), chez M. Bigaux, chez M. Bellanger, chez M. Majorelle — d'autant plus intéressant qu'il échappe à tout ressouvenir, — et quelque réconfort nous venait encore à voir des maisons classiques, célèbres (Krieger, Schmitt, Jansen, Mercier, Pérol) (1).

(1) En ornant le meuble de ferrures et de bronzes déduits de la plante, M. Émile Gallé (précurseur ici encore), M. Plumet, M. Majorelle, M. de Feure et M. Pérol avaient fortifié l'unité et accru le prestige de leurs créations.

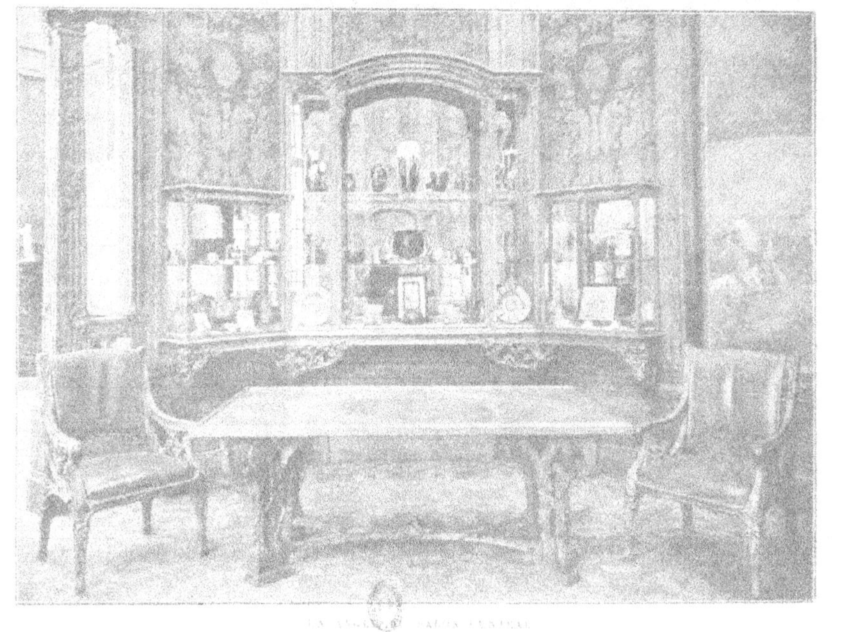

UN ANGLE DU SALON CENTRAL

[illegible]

Mobilier par M. Dufrêne

attachés peut-être plus que de raison aux anciens styles, et qui n'en avaient pas moins voulu donner par tel meuble, tel ensemble, une satisfaction à la mode ou un gage d'intérêt à une évolution désignée sous les

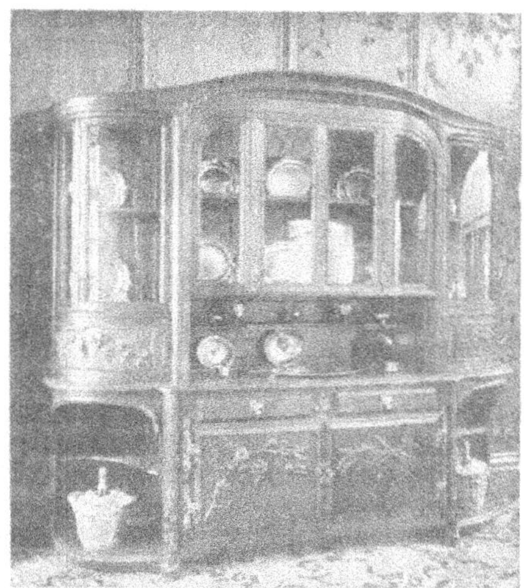

DRESSOIR, PAR M. [illegible]

noms les plus bizarres, et qui est simplement la renaissance du mobilier par la nature et selon la tradition nationale.

Comme l'Angleterre et la France, la Belgique a consenti de régénérer l'ameublement, et elle s'y est employée avec une ardeur qui lui a valu de tenir un rôle essentiel ; rien ne le traduit à l'Exposition, et l'on s'y renseigne mal aussi sur les essais que les Pays-Bas tentèrent dans le même sens. Par contre, les arts du bois occupent une place prépondérante dans les sections hongroise, autrichienne, allemande. Sans se dérober à l'influence anglo-belge, ni aux atteintes du cosmopolitisme envahissant, ils témoignent là d'une activité féconde en promesses et déjà en résultats. La Hongrie (M. Gelb, M. Kramer) conserve l'avantage de son éloignement et de son indépendance foncière. L'exposition autrichienne accusait les différences absolues qui séparent le génie régional du génie viennois : des intérieurs, conçus et exécutés en Tyrol, en Galicie, à Prague, à Salzbourg, exaltaient le style local, ou bien parfois le montraient en voie de transformation. Dans la capitale, à moins qu'il ne s'agisse d'une reconstitution, l'art du mobilier affecte le caractère franchement moderne : le salon d'honneur du pavillon autrichien, exécuté par M. Portois (M. Baumann architecte), l'intérieur aménagé par la Société des Arts et Métiers de Vienne, à l'instigation du plus important de ses membres, M. Ludwig Schmitt, et d'après les projets de M. Olbrich, le boudoir en bois d'érable teint en gris de M. Niedermoser, offrent les exemples les plus saillants et les plus sympathiques aussi des recherches viennoises. Il y faut joindre pourtant certain cabinet de l'École des Arts décoratifs et les pièces exposées par M. Kohn (M. Siegel architecte), où la courbure mécanique a assoupli le bois au caprice d'une simplicité rénovée, en accord avec le goût contemporain. Presque toujours, ces ébénisteries se détachent sur des murailles tapissées de tissus que constellent des applications, des broderies jetées en semis ou cinglées en paraphes.

En dehors de Berlin et de Munich, les villes de Calsruhe, de Darmstadt, de Heidelberg, de Hambourg, de Stuttgart, de Crefeld sont devenues de véritables centres d'art appliqué. Ce résultat est imputable aux musées, puis à l'instinct d'association en vertu duquel les artistes se groupent et forment des « colonies ». L'exemple venu de Munich a été partout suivi. Ce ne sont plus des meubles isolés que nous présente l'Allemagne, mais des ensembles décoratifs composés sous la direction d'un peintre, d'un architecte. La tendance, déjà signalée, à la grandeur d'apparat survit dans l'installation de M. Götz pour la salle des mariages de l'hôtel de ville de Carlsruhe, puis dans le salon « de parade » du professeur Emmanuel Seidl; ailleurs, le penchant à éviter les meubles encombrants, lourds, difficiles à mouvoir, adopte la mode britannique de l'adhérence qui assujettit les différentes pièces d'un même mobilier, les rive ensemble et à la paroi, sous prétexte d'intimité ou de confort. Le rendez-vous de chasse (M. Bruno), le salon de la Colonie des artistes de Darmstadt, les niches de M. Bodenheim,

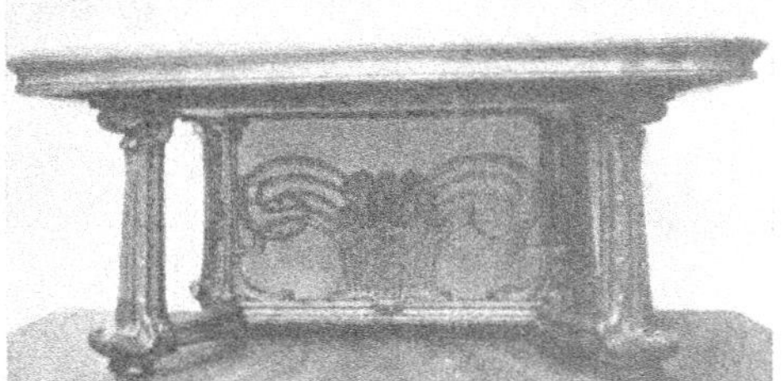

TABLE DE SALLE À MANGER, PAR M. [illegible]

la chambre en marqueterie de M. Robert Macco, celle « d'un ami des arts » de M. Riemerschmied, trahissent des inspirations ardentes, parfois tiraillées en sens très divers. Une salle de bain, de MM. Voltz et Wittmer, à maints égards remarquable, dément cependant toute hésitation. Dans le choix et l'association des bronzes et des faïences, des vitraux et des marbres, la recherche est partout féconde, sans préjudice aucun pour l'unité générale.

Vient-on à étudier l'évolution dernière des arts de la terre, il est aisé de se convaincre qu'elle s'est trouvée réglée par des influences dont plusieurs valent d'être rappelées au plus bref. Depuis quinze ans environ, les céramistes ont consacré leur peine à la mise au jour de pièces flammées; ils y étaient incités par la faveur qu'obtenaient chez nous les ouvrages de l'Extrême-Orient et aussi par le désir d'obvier à l'insuffisance des décors linéaires. Sous l'action du feu ou de l'émail, la matière se pare elle-même : là était l'avantage, et là aussi le danger. Sans doute, ce fut une période glorieuse, celle où les céramistes d'Europe rivalisèrent avec les maîtres de la Chine et du Japon, si longtemps réputés inégalables; il y eut, à côté de victoires éclatantes, de vrais services rendus, et la céramique architecturale ne fut pas sans tirer avantage de ce mode d'ornementation spontanée. Il relève, dira-t-on, de la science autant, si ce n'est plus, que de l'art : mais qu'importe si le savant se double d'un homme de goût, et qui donc aujourd'hui demeure indifférent à la qualité délicate ou rare d'une jaspure, d'une coulure, d'une cristallisation? Nous devons à Chaplet, à Delaherche, à Carriès, d'ineffables joies, qu'il serait injuste d'oublier. Le dommage est seulement que tant d'autres aient suivi la même sente, en cédant aux conseils de la paresse, de l'esprit d'imitation bien plutôt qu'au commandement d'une vocation précise. Il est mauvais que l'effort de tous se confine dans un domaine exclusif et pareil ; à ce compte, la production risque de s'immobiliser, de déchoir dans la plus désespérante monotonie. Peu à peu, on en était venu à tenir pour négligeable le galbe de la forme, l'ordonnance de la composition. L'Exposition a témoigné d'un désir de réaction très net contre cette tendance fâcheuse. Entendez bien que la prédilection pour les flammés n'est point passée en 1900; elle dominait encore dans les vitrines, mais sans paralyser comme naguère l'essor des imaginations.

A cet égard, comme à bien d'autres d'ailleurs, la Manufacture nationale de Sèvres a fourni les plus édifiantes leçons. Elle doit son salut à l'indépendance d'un administrateur progressiste, M. Émile Baumgart, puis au goût libre et sûr de M. Alexandre Sandier, directeur des travaux. Toute une révolution s'est accomplie dans notre établissement national. On se lamentait sur sa déchéance, on présageait sa fin ; maintenant il con-

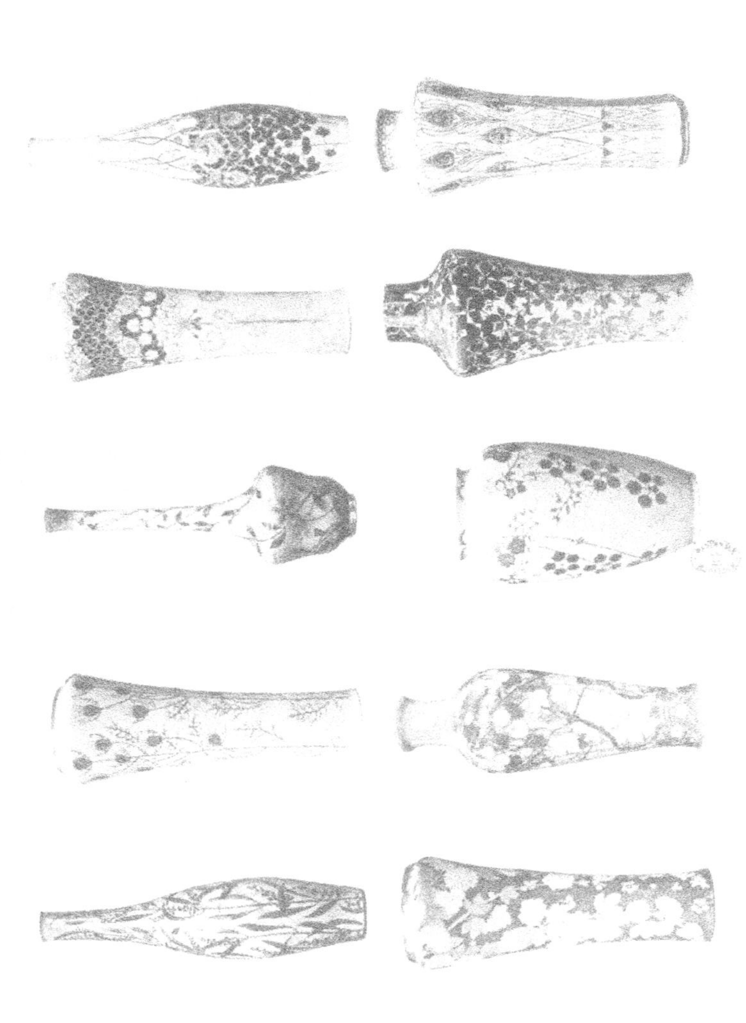

naît à nouveau le lustre des jours de gloire. D'où vient, si ce n'est qu'un décret récent a émancipé la Manufacture, en ne la réduisant plus aux seuls concours d'artistes-fonctionnaires, mais en lui permettant de faire appel à tous les talents, d'utiliser toutes les initiatives? A Sèvres, pas plus qu'aux Gobelins ou à Beauvais, il n'y avait eu décadence dans la technique. On

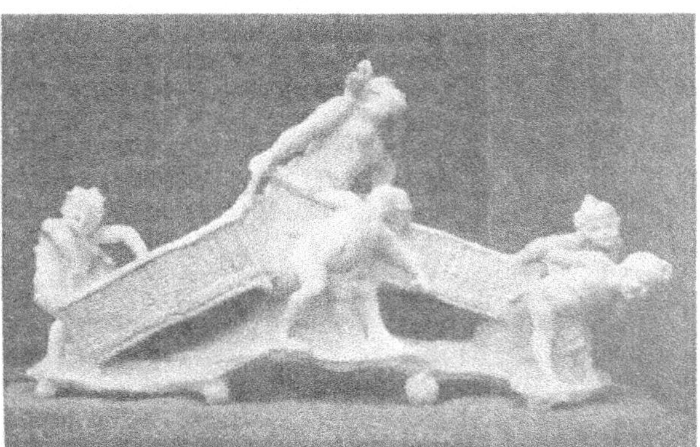

SURTOUT EN BISCUIT DE SÈVRES, MODÈLE DE [illegible]
Manufacture nationale de Sèvres.

peut, on doit faire remonter à hier les essais qui ont abouti aux perfectionnements de la porcelaine dure ancienne, à la reconstitution de la pâte tendre et à la fabrication d'un grès pour l'architecture. D'hier encore datent, pour prendre un exemple particulier, ces effets de cristallisation si caractéristiques et si fréquents dans la céramique contemporaine. Les anciens, les Japonais, ne les avaient pas ignorés, Ebelmen, de son côté, s'en était préoccupé; n'empêche que c'est à la Manufacture de Sèvres, pas à la Manufacture de Copenhague et à M. Alexandre Bigot, qu'il appartint d'établir comment on pouvait reproduire dans l'émail les cubes, les aiguilles, les arborescences fines et soyeuses du givre sur les vitres pendant le gel.

Quelque notables qu'aient été les progrès de la fabrication, ils importent moins, à nos yeux, que ceux réalisés dans le choix des modèles et l'invention du décor.

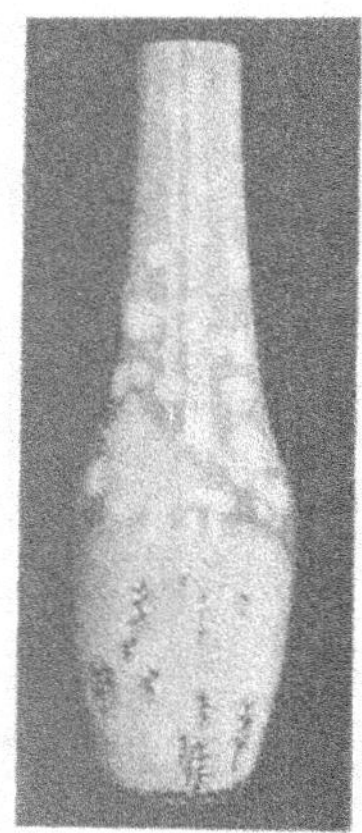

VASE EN PORCELAINE
À CRISTALLISATIONS
(Manufacture royale de Copenhague.)

En ce qui concerne les biscuits, il y a eu, à vraiment parler, poursuite intelligente de la tradition du XVIIIe siècle, grâce à des commandes heureuses (surtouts de MM. Frémiet, Gardet, Joseph Chéret, Léonard — *Le Jeu de l'écharpe*, — figurines et statuettes de MM. Rivière, Desbois), et grâce à la réduction d'ouvrages exposés avec éclat aux Salons annuels. On a rappelé, non sans raison, que cette interprétation était jadis constante, et chacun sait que les marbres admirables de l'Institut, le *Montesquieu* de Clodion, le *Racine* de Boizot, le *La Fontaine* de Julien, doivent au biscuit le meilleur de leur légitime popularité. Toutefois, pour déterminer quelles sculptures peuvent s'accommoder de cette version dans une autre matière, à une échelle différente, ce n'est pas trop d'une circonspection grande et d'un tact très averti. La justesse du principe varie selon l'opportunité de ses applications, et je sais telle statue qui, par son sujet, sa facture, supporte assez mal cette transposition imprévue. Vous ne relèverez point de semblable défaillance parmi les pièces rehaussées; sans nier ni taire la réussite des objets à couvertes cristallisées, mates, ou de certains flambés, nos préférences vont à une série de vases dont le thème ornemental s'emprunte à la flore, à la faune. Tout est à louer en eux : le profil, la conve-

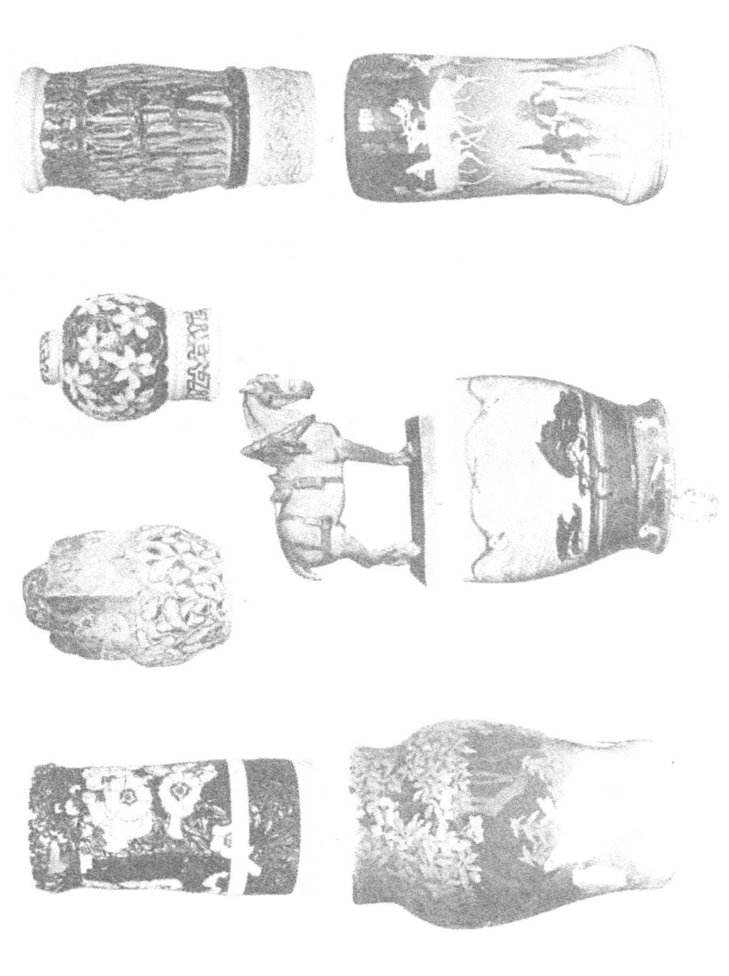

nance de l'illustration à la forme, l'éclat soutenu des tons qui répudie l'affadissement mièvre ou la morbidesse des pâleurs excessives; le style et la polychromie du décor différencieront, dans l'avenir, cette série glorieuse. Sur un vase de M. Gebleux fusent, avec de souples inflexions, des branches de chrysanthèmes jaunes; de M. Bienville est la potiche où se tordent et s'enchevêtrent des ramures supportant des gourdes de pèlerins; un feuillage de vigne vierge s'épand et enserre les flancs d'une urne qui a M. Fournier pour auteur. L'originalité de M. Simas et de M. Lasserre les

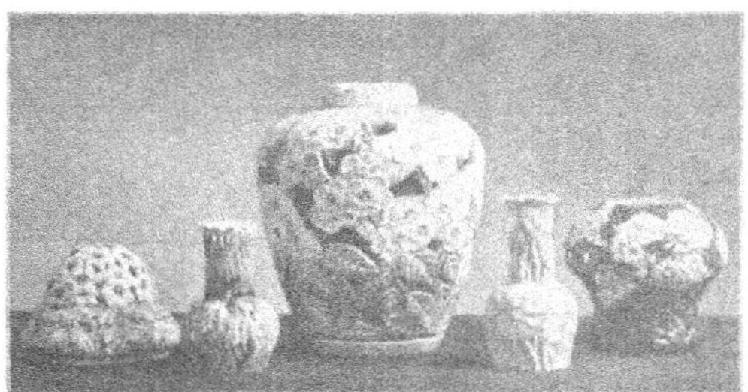

PORCELAINES DE LA MANUFACTURE DE [illegible]
DÉCORÉES PAR [illegible]

porte vers les décors pleins; ils aiment à juxtaposer les pétales en éventail et à les indiquer par de simples aplats; la distinction s'allie chez eux à la puissance. Quantité d'autres ouvrages mériteraient d'être cités pareillement; pris dans leur ensemble, ils s'accordent à proclamer un définitif affranchissement, un désir de rénovation très sincère et admirablement satisfait.

La France éprouvait quelque orgueil à voir ainsi les destins s'accomplir et la Manufacture recouvrer sa prééminence dans l'art délicat de la porcelaine, auquel s'approprie si bien l'affinement de nos qualités fon cières. L'importance de ces résultats apparaissait plus significative encore, si l'on comparait à l'exposition de Sèvres celle des Manufactures royales de Berlin, de Dresde, où la technique se maintient, mais qui inclinent plutôt à recommencer le passé qu'à escompter le prestige de l'inédit. La renaissance de Sèvres ne tardera pas à provoquer chez nos voisins d'outre-Rhin plus d'une réflexion utile, et ils s'instruiront encore à discerner par quelles voies la Manufacture royale de Copenhague est parvenue à progresser, à se développer sans arrêt. La tâche était rude après le triomphe de 1889 (1), dont les effets ne laissèrent pas d'être considérables. Dans le voisinage du Danemark, en Suède par exemple, l'action exercée fut immédiate; hors même de Scandinavie, on la vit s'étendre sur les pays germains, latins, devenir quasi européenne.

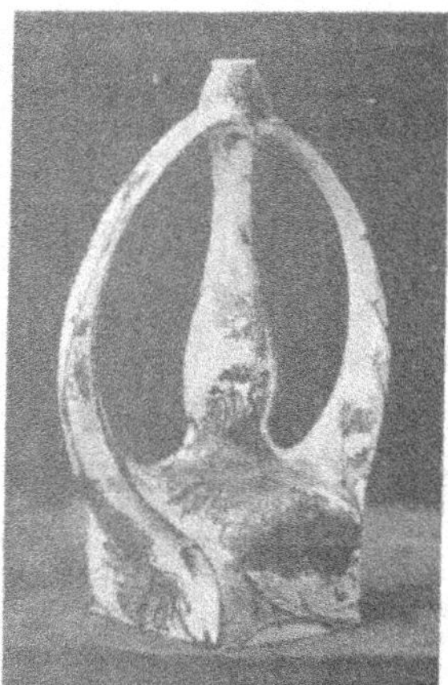

VASE EN PORCELAINE DÉCORÉE
(Manufacture royale de Rosenborg.)

L'histoire n'enregistrera pas sans étonnement l'exemple de cette petite manufacture déterminant une orientation nouvelle dans la fabrication de la porcelaine. A la suggestion du Japon, j'imagine, les artisans danois comprirent tout ce qui pouvait être espéré de l'observation directe, franche, de la nature et du milieu; ils regardèrent autour d'eux; ils s'inspirèrent du caractère particulier de leur pays; en même temps, ils se montrèrent conscients des lois spéciales de la porcelaine et jaloux de lui

(1) Voir notre livre *La Décoration et l'Art industriel à l'Exposition universelle de 1889*. Paris, Quantin, 1890, gr. in-8° (p. 53).

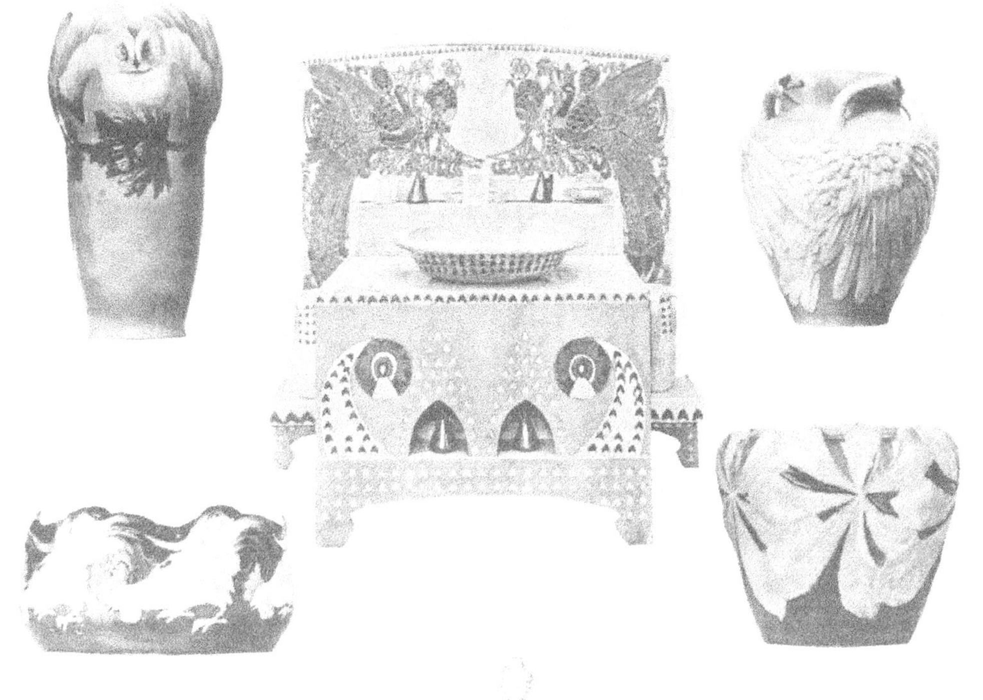

conserver sa transparence, en ne la parant que de nuances grises, bleutées, mauves, vagues, mourantes, éteintes. Ils n'ont délaissé le répertoire des gammes dégradées que lorsqu'il s'est agi de pièces importantes destinées à être vues de loin; sur les vases, sur les plats, se retrouvaient les décors familiers, d'un charme inoublié : la côte danoise avec de grands arbres courbés par l'ouragan, le défilé des cerfs et des biches par la forêt sombre, le repos des mouettes sur les récifs perdus dans la mer immense, le lent cheminement des chevaux de halage, ou, tout uniment, des poissons transparaissant sous l'émail, une fleur, un arbre dominant une cime. Ces thèmes valent par l'intimité, par la sincérité de l'artiste, qu'on sent toujours intéressé, ému presque; ils valent aussi par le soin apporté à une interprétation rationnelle qui se règle sur la forme de l'objet et les convenances de la matière.

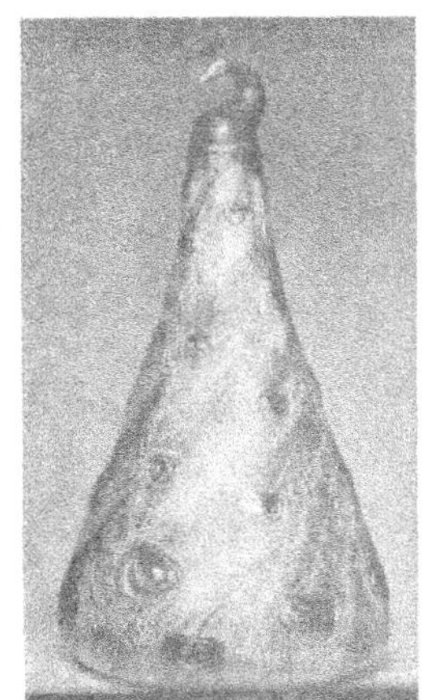

VASE DE M. [illegible]

C'est le mérite de M. Philipp Schou et de M. Arnold Krog de n'avoir pas toléré de dérogation à l'observance de ces principes pour cette curieuse série d'animaux — qui constituait un des attraits nouveaux de l'exposition de la Manufacture — et d'avoir veillé à ce que le modeleur, M. Liisberg, s'interdit les formes ou les détails incompatibles avec la couverte miroitante de la pièce une fois achevée. Mais il eût suffi du service à marguerites pour affirmer par quelles créations la Manufacture royale de Copenhague entend soutenir le crédit de gloire qui lui a été ouvert ; la fleur et l'insecte ont fourni les éléments du décor [illegible] discret, tantôt peint, tantôt modelé. On ne saurait point imaginer d'invention plus moderne ni plus exquise. Elle n'admet le parallèle qu'avec le service de M. Lasserre (de la Manufacture de Sèvres), qu'avec celui de M. Th. Schmuz-Baudiss (des Ateliers réunis de Munich), ou celui de M. Wallander, de la fabrique suédoise de Rörstrand. Plus d'un s'abuse à vouloir rendre ce dernier établissement tributaire de la Manufacture royale de Copenhague. Le seul lien commun est une égale sympathie pour ces tonalités si attendries qu'elles rappellent des reflets sur la neige. Autrement, le moyen ornemental est dissemblable ; les ouvrages de Rörstrand sont d'ordinaire agrémentés de reliefs, qui semblent naître de la forme même et faire corps avec elle ; ainsi en va-t-il pour les vases aux cygnes, aux paons, aux pavots, aux feuilles de marronnier.

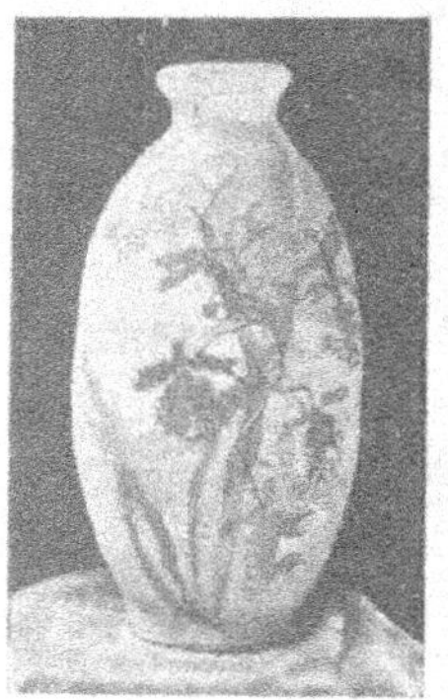

« LES LUMINEUSES »,
VASE EN CRISTAL MARQUETÉ ET GRAVÉ,
PAR M. ÉMILE GALLÉ

C'est encore le principe de la décoration plastique que préconise M. J.-F. Willumsen, directeur des ateliers de MM. Bing et Gröndahl, à Copenhague. Sa conception d'art est tout à fait opposée à celle de M. Krog et les produits des deux manufactures danoises ne courent pas risque d'être confondus. Loin de jouer avec la transparence de la matière, M. J.-F. Willumsen ne craint point de donner à celle-ci l'aspect de la faïence, tant il désire doner son art d'ampleur, de gravité mâle, austère ; pour y parvenir, il s'est trouvé conduit à préférer le modelage à la peinture, et il use du bas-relief, des ajours ; il ceint ses vases de véritables compositions sculptées (*Automne*, *Parmi les roses*, *Croissance*), ou bien fait saillir et épanouir à leur surface une végétation touffue de roses tré-

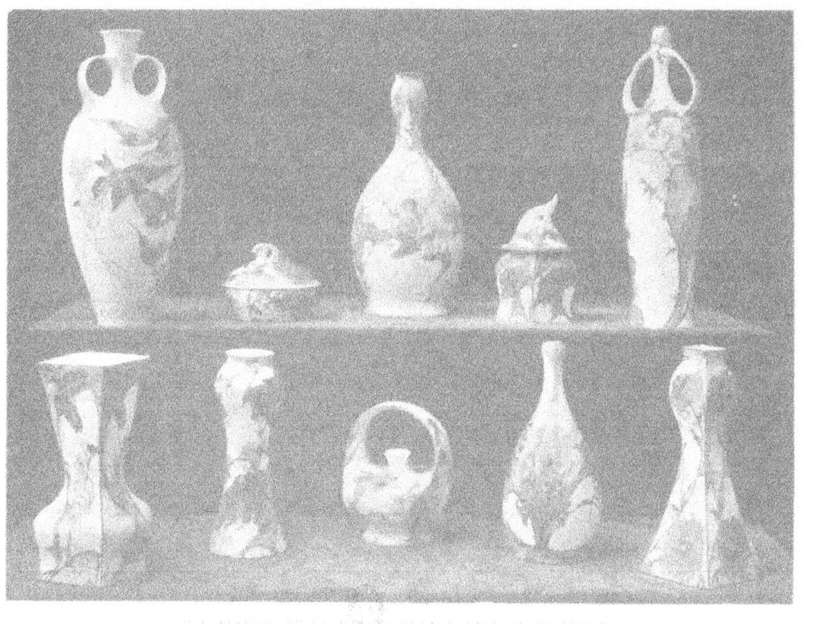

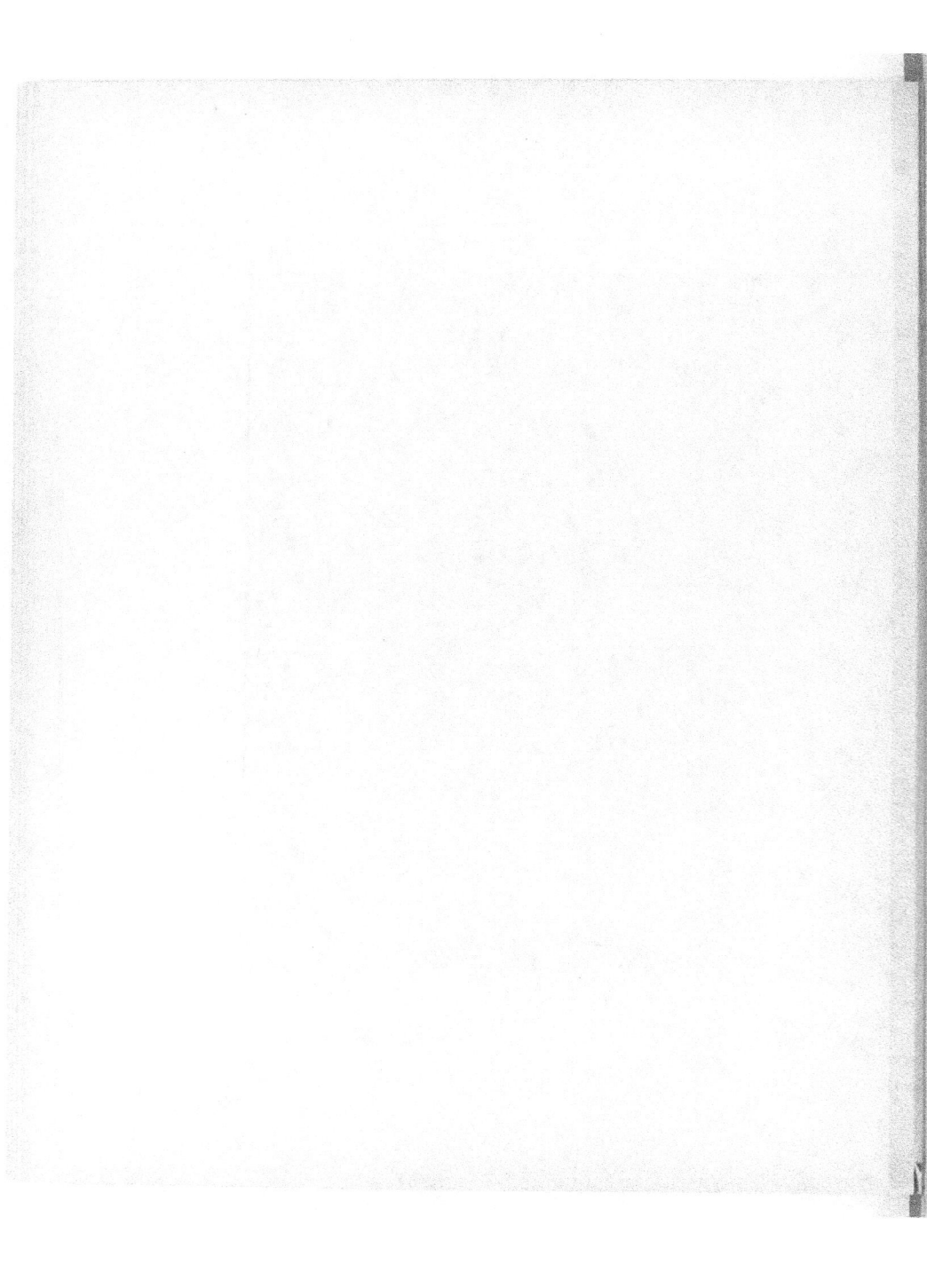

mières, de potentilles, de grenouillets, d'orchidées, de chèvrefeuilles ou de pensées.

La manufacture de Rozenburg a aujourd'hui titre de Manufacture royale; par l'octroi de ce privilège, la reine des Pays-Bas a voulu reconnaître la gloire que ses premiers céramistes ont fait rejaillir sur le pays tout entier. Retenez que la fabrique dont il s'agit est de fondation récente, qu'elle a subi les fortunes et les infortunes les plus diverses. Il y a six ans à peine, depuis que M. Jurriaan Kok préside à ses destinées, elle a donné des faïences coloriées sous émail d'un puissant intérêt; enfin, les porcelaines qui ont paru à l'Exposition universelle l'ont placée d'emblée hors de pair. Il y a eu révélation inattendue et apport de neuf intégral: l'originalité est à la fois dans la matière, très légère, dans les silhouettes à profils étranges, dans le décor, mi-naturaliste, mi-japonais, délicat et séduisant à l'extrême; il n'est plus constitué par un motif unique ou par une juxtaposition de motifs indépendants; toutes les parties en sont reliées entre elles de manière à jeter sur la pièce un réseau polychrome, dont les pleins et les vides s'ordonnancent, se répartissent en toute opportunité, selon le mouvement des formes.

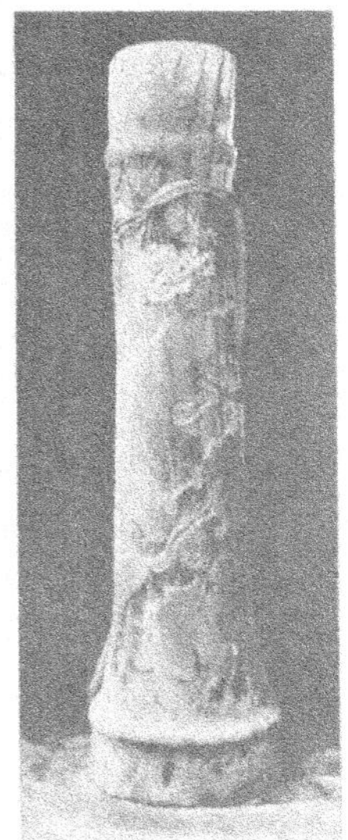

[illegible]

Les Salons avaient montré M. Thesmar rehaussant la porcelaine tendre d'émaux sur paillons, sertis dans des cloisons d'or; les imitateurs ne lui ont pas manqué, mais il n'a point rencontré d'égal. Autre fut l'ambition de M. Naudot : il s'est proposé de « fenestrer » la porcelaine au moyen d'émaux translucides. Jusqu'ici, l'alchimie de son métier l'a préoccupé davantage que l'harmonie des lignes et des couleurs; mais la difficulté vaincue est considérable, la réussite technique complète, et il sied d'y applaudir sans délai.

BRODERIE SUR GAZE À PAILLETTES
POUR ROBE DE BAL
(Exposée par M. René Schiller.)

En protestant tout à l'heure contre un engouement restrictif, aveuglant, nous avons pris soin de tenir certains précurseurs hors de nos réserves. Par malheur, l'appréciation d'un ouvrage céramique exige une éducation spéciale et, entre deux « flambés » d'apparence semblables, le profane n'est point à même d'établir les différences nécessaires; sans quoi on eût reconnu dès longtemps la prééminence à laquelle M. Ernest Chaplet a droit et que ses confrères, plus clairvoyants, lui accordent. La réussite, étant donné le but proposé, dépend de l'attrait de la coloration, de l'aspect plus ou moins vitreux; or, les flambés sur porcelaine de M. Ernest Chaplet offrent un répertoire de nuances riches, graves ou précieuses, unies ou bigarrées; de plus ils atteignent à la matité absolue. On les dirait pris dans une gemme, un silex; leur aspect robuste et solide rappelle le grain de la pierre, les rugosités de la peau du serpent, les pores de l'écorce de l'orange ou du cédrat; la qualité en demeure inégalable...

L'habitude est plus répandue de flamber le grès que la porcelaine;

MM. Dalpayrat, Jeanneney, Hoentschel, Milet, Pull, Wolf, Baudin, y réussissent à souhait ; M. Delaherche y excelle ; il se distingue par sa volonté de ne point se contenter des résultats acquis, par une convoitise

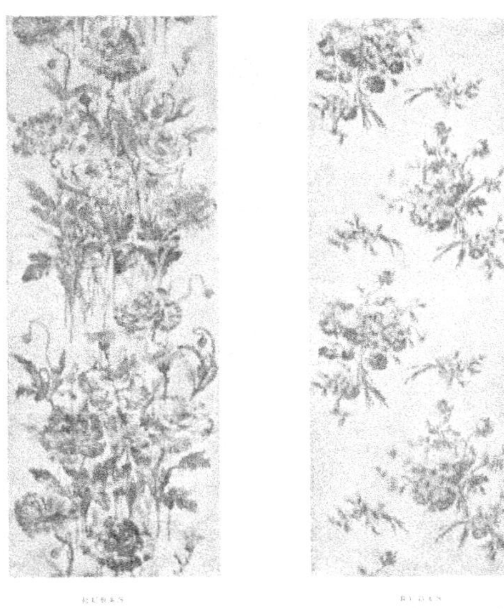

RUBAN
DE MM. MARREY-CHATEAUNEUF

RUBAN
DE MM. BRONNE-GALOUZET

de formes inédites, chez M. Michel Cazin seul aussi vive. M. Taxile Doat inaugure l'association du grès à la porcelaine et au biscuit ; du contraste des luisants et des mats naissent des effets piquants. Rien ne sait éveiller l'intérêt et fortifier la sympathie comme la passion de la découverte, et c'est bien pourquoi la gloire de M. Albert Dammouse nous est si chère. Point de matière qu'il n'ait traitée avec une compétence souveraine, point de mode qui lui ait fait perdre la notion du décor *composé*, point d'année où il ne se soit signalé par quelque création essentielle, comme ces vases en pâte d'émail, si vivement aimés et dont l'infinie séduction hantera longtemps encore le souvenir.

Dans la décoration intérieure et extérieure des habitations, le grès tend à supplanter les autres matériaux. Le résultat est dû, pour beaucoup, à M. Alexandre Bigot. Je n'ignore rien de ce qui a été tenté, exécuté avant lui, en dehors de lui, et me garderai d'omettre M. Émile Muller, dont l'importance s'atteste par l'abondance de la production, la variété des modèles, le choix des collaborateurs. Mais M. Alexandre Bigot possède l'indiscutable avantage de ses connaissances et de sa méthode, scientifique au premier chef. Dans sa personnalité se résument et se fondent celles du savant, de l'artiste et de l'industriel; il a débuté par des expériences de laboratoire; il s'est distrait à la recherche des cristallisations, puis un jour il lui a paru qu'un but plus élevé pouvait être donné à son labeur; il s'est tourné vers la céramique architecturale; il promet pour demain des édifices à façades colorées, qui jetteront une note gaie dans la monotonie des maisons de pierre; il songe à des logis ouvriers dont les murs seraient faits de briques émaillées sur les deux faces. Qu'on ne crie point au rêve et à l'utopie : avec M. Alexandre Bigot, nous avons affaire à un esprit net, précis, et qui saura poursuivre jusqu'au bout l'accomplissement de son dessein.

En France, tout au moins, la faïence n'a pas encore pu rentrer en grâce. La prévention qui existe à son endroit ressemble fort à du mépris. Mettez à part M. Clément Massier, éditeur de vases et de plats à reflets métalliques, je ne vois que M. Étienne Moreau-Nélaton pour faire œuvre individuelle en continuant dignement une tradition familiale. On ne saurait lui en témoigner trop de reconnaissance; il a dévoilé l'iniquité de nos dédains; il a pourvu de poésie champêtre les plus humbles poteries en leur

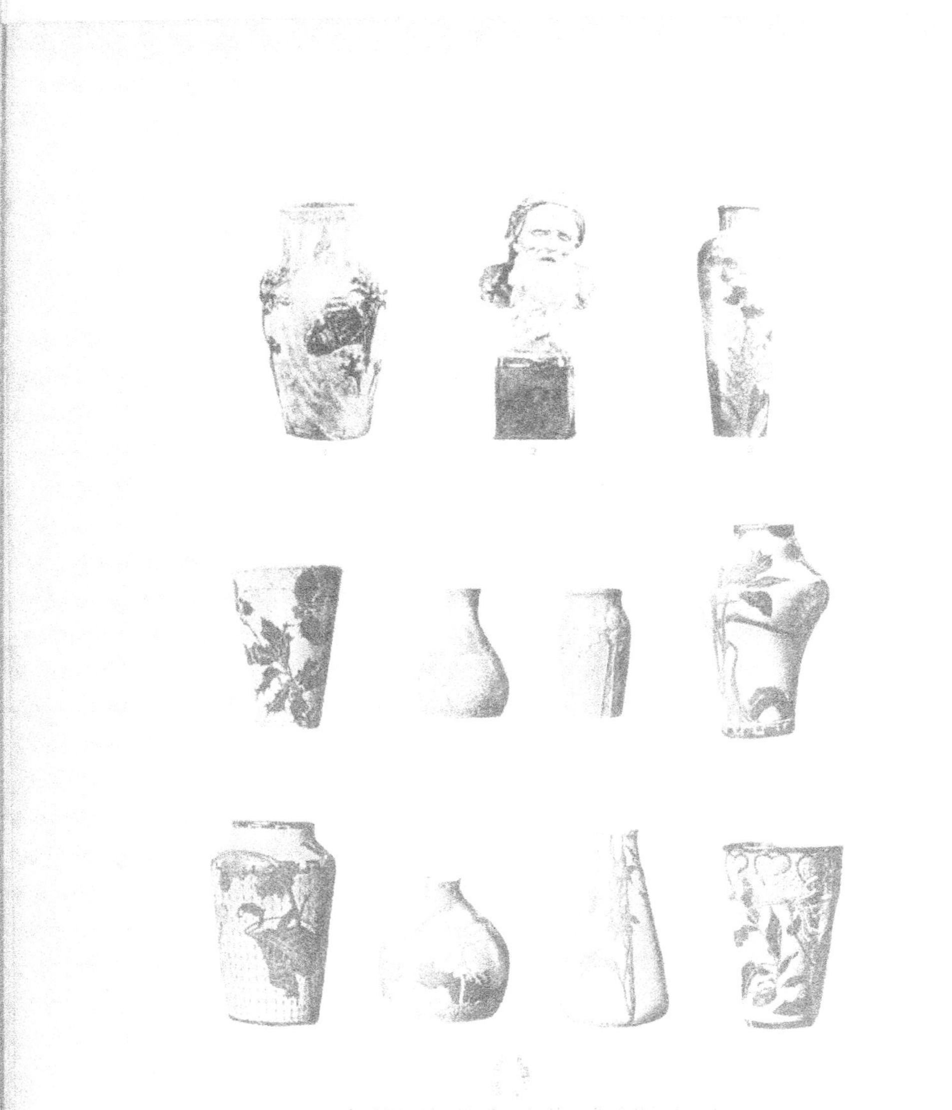

attribuant le charme simple et fort des créations populaires. Hors de nos frontières, chacun se dépense, souvent avec succès : à Carlsruhe, le pro-

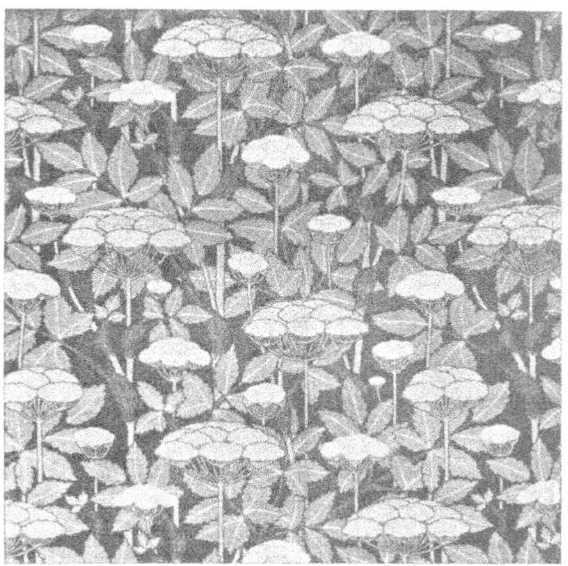

TISSU D'AMEUBLEMENT
FABRIQUÉ PAR M. [illegible] D'APRÈS LE MODÈLE DE M. VERNEUIL

fesseur Langer s'est pris à modeler des carreaux de revêtement, des plaques de cheminée, une fontaine du meilleur goût ; à Pecs, MM. Zsolnay proposent des modèles d'intérêt inégal, j'en conviens, mais dont plusieurs, à dessin cachemire, ont conquis les meilleurs suffrages; à Delft, MM. Thooft et Labouchère tirent des effets particuliers de décors gravés avant l'application de l'émail (faïence Jacobat); en Amérique, les manufactures de Rookwood, de Grueby sont en plein développement; à Moscou, M. Mamontov exécute des poêles, des garnitures de toilette, dont M. Golovine a fourni les dessins et qui ont une allure à la fois somptueuse et barbare; en Suède, la libre fantaisie de M. Wennerberg exerce sur la fabrique de Gustafsberg sa bienfaisante influence; M. H. Kähler, de Nœsted (Danemark), Mme Schmidt-Pecht, de Constance, se dégagent des poncifs; il n'est pas jusqu'à la faïence de Thun (M. Hahn) qui ne tâche, elle aussi, de rompre avec les formules d'antan.

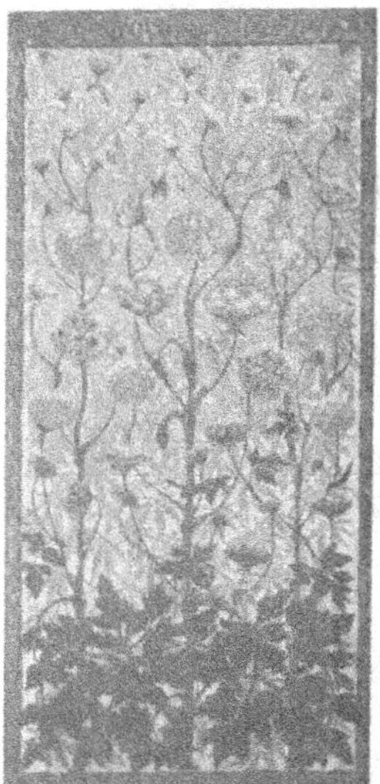

« LES ANGÉLIQUES »
RIDEAU EN VELOURS DE GÊNES
COMPOSÉ PAR Mlle RAULT
(Exécuté et exposé par MM. Cornille frères.)

Chaque matière contient en soi des éléments de beauté dont les prédestinés savent révéler le secret. M. Henri Cros avait demandé à la pâte de verre d'exalter le style pompéien, chavannesque de ses sculptures; M. Albert Dammouse et M. Ringel d'Illzach lui ont trouvé des applications autres, mais non moins passionnantes. L'occasion était unique de rencontrer ceux qui assurèrent la renaissance de l'émail peint : M. Alfred Meyer, le premier en date, puis M. Paul Grandhomme, M. Garnier, et jusqu'aux nouveaux venus, MM. Georges Jean et Hirtz. M. Fernand

Thesmar, restaurateur de l'émail translucide (1), réunissait à ses coupes fameuses une lampe des Mille et une Nuits, le plus parfait de ses ouvrages, sans contredit; M. Feuillâtre donnait sa mesure dans une série capitale d'émaux sur argent qui devaient à ce métal le particularisme de leurs tons fondus, demi-voilés; la surprise de l'inédit était enfin procurée par M. Rapoport, de Budapest, par M. Heaton, de Neuchâtel, grâce à ses cloisonnés opaques, par M. Louis Tiffany, dont les émaux se revêtent des nuances spéciales à ses *favrile glass*.

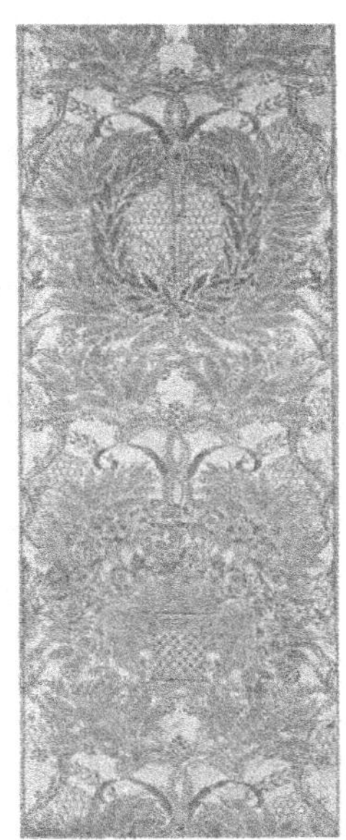

SOIERIE D'AMEUBLEMENT
COMPOSÉE PAR M. KARBOWSKY
(Exécutée à Lyon par MM. Chatel et Tassinari)

Aussi bien la personnalité de M. Louis Tiffany est-elle parmi les plus importantes que l'Exposition ait révélées; créateur d'émaux, de vitraux, de verreries, de mosaïques, M. L. Tiffany professe le culte ardent de la découverte. Hors M. Gallé, personne n'a subi au même point l'outrage du pastiche. L'Exposition regorgeait d'imitations de *favrile glass*, répugnantes à l'égal des plus grossières parodies. On retrouve dans les originaux, obtenus par les vapeurs de métaux en fusion, les irisations de la verrerie antique, irisations opalines et mates, qui ne se peuvent comparer qu'à celles de la perle; pour le décor, il est créé par la superposition, sur la matière

(1) Il convient de rapprocher des émaux de M. Thesmar ceux de M. Tostrup, de Christiania et certains travaux de M. Feuillâtre.

incandescente, de parcelles de verre, différentes de nature, de couleur, qu'un second feu incorpore à la masse et qui, dans la suite, sous le souffle du verrier, prennent leur forme, leur place définitive, et réalisent l'ornementation telle que l'inventeur l'a conçue. Ainsi, en vertu d'un calcul prémédité, M. Louis Tiffany put simuler les méandres des eaux, la fuite des nuages, les reflets argentins de la monnaie-du-pape, et même le plumage ocellé du paon, sans autre aide que celle du feu, en s'interdisant toute reprise, toute retouche, chaque pièce étant tenue pour terminée aussitôt refroidie.

Sa conception du vitrail est issue du même principe. L'opulence, l'intensité du ton lui paraissent avant tout désirables, dût-on, pour les acquérir, provoquer des irrégularités, des inégalités d'épaisseur, des froissements et des plissements de la pâte encore tiède et docile. Il répudie les rehauts et l'intervention du peintre. Le dessin s'exprime par la sertissure du plomb ou par les accidents du verre; le résultat est plutôt un enchâssement de pseudo-gemmes à demi transparentes qu'un vitrail, au sens où l'entendait notre Moyen âge; mais de quoi servent ces parallèles, ces retours en arrière? L'essentiel est de ne point mésuser de l'invention, de veiller à ce que ces verrières peu diaphanes reçoivent un emploi approprié. Quant à nier la curiosité qu'elles excitèrent chez les artisans dès leur apparition (1), nul n'y saurait songer après l'expérience dernière. En somme, M. Louis Tiffany a repris et continué l'action exercée par Lafarge et, depuis l'introduction en Europe des verres américains, l'art du vitrail n'a point cessé de se modifier; hors de nos frontières surtout, semble-t-il. La France ne se défend pas d'user de ces importations, mais elle n'accepte pas qu'on supprime l'office du peintre-verrier : la collaboration de M. Grasset et de M. Gaudin, de M. Besnard et de M. Carot, de M. H.-M. Magne et de M. Leprévost, atteste la persistance de la tradition séculaire.

(1) Combien il faut regretter que M. Tiffany se soit abstenu de remontrer les verrières exécutées d'après les cartons de MM. Besnard, Toulouse-Lautrec, Denis, Bonnard, Ranson, Vuillard, Roussel, Ibels, Vallotton, Sérusier, et qui avaient provoqué un si vif intérêt lorsqu'elles parurent au Salon de 1895! (Voir notre *Salon du Champ-de-Mars* dans la *Revue encyclopédique*, 1895, p. 179).

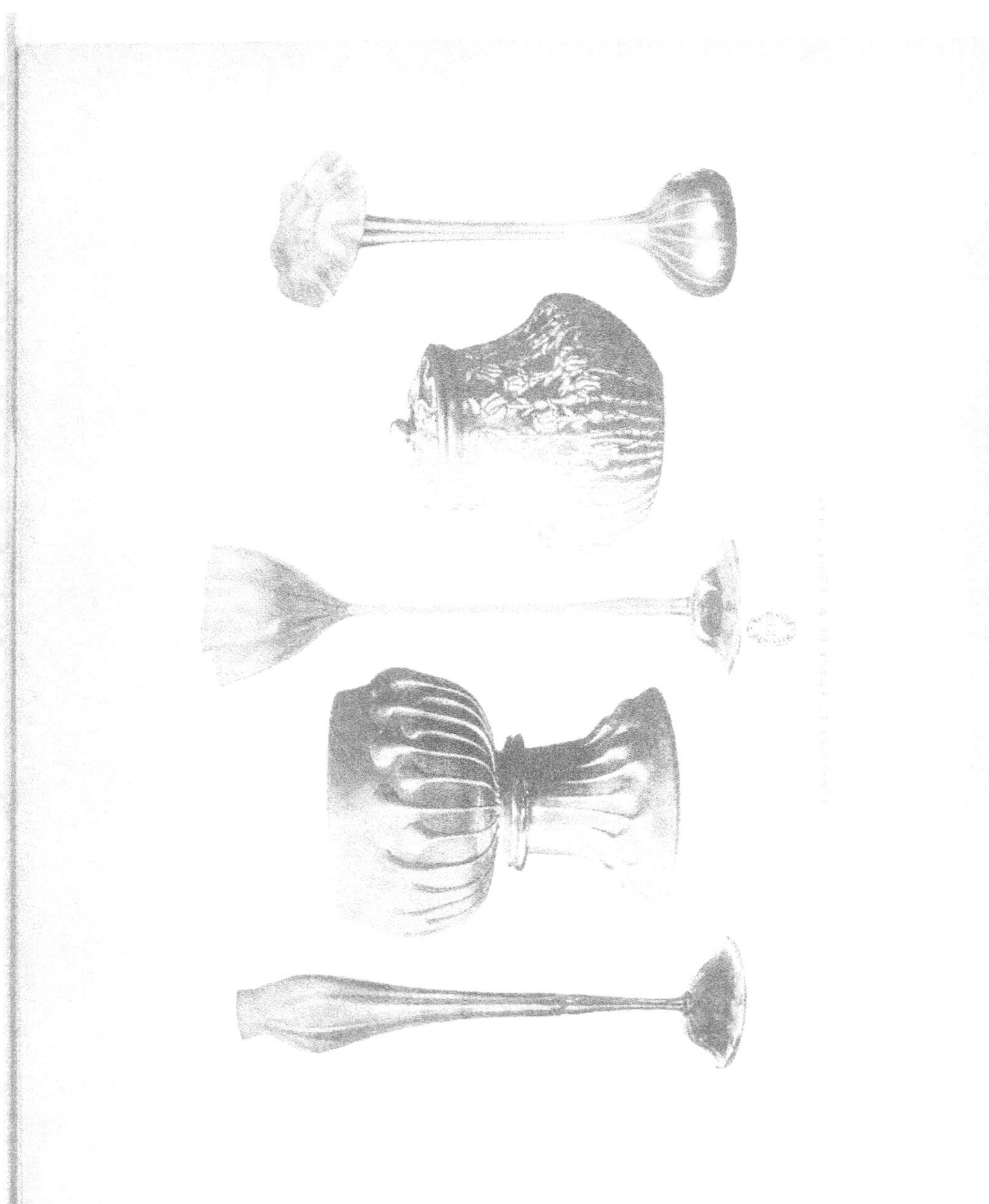

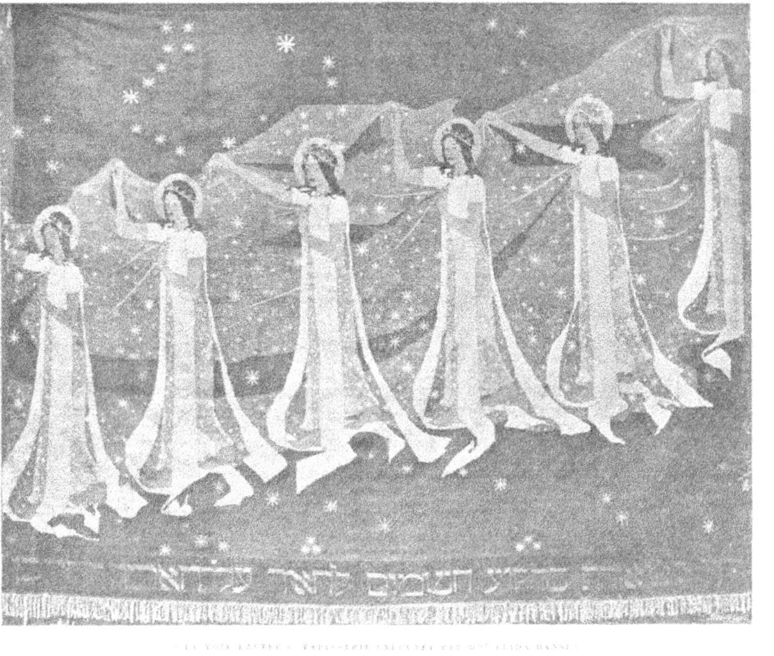

« LA VOIE LACTÉE », TAPISSERIE EXÉCUTÉE PAR Mme [illegible] HANSEN

D'autres travaux de M. Laumonnerie, de M. Jacques Galland, de M. Léon Fargue, tendent à s'en affranchir, et nul ne considéra avec indifférence les mosaïques vitrifiées de M. Tournel, de M. Pizzagalli, dont la diaprure étincelle et gaiement chatoie aux jeux de la lumière.

Tandis que M. Ernest Léveillé ne cessait pas de rechercher, pour ses présentoirs et ses urnes, un cristal craquelé, épais, pareil au strass, la surprise de l'imprévu était due aux verreries de Sèvres, d'Arques, à celles de M. Bouché de Cognac, lesquelles s'ingénient à varier, par la trouvaille d'une forme neuve, l'aspect suranné des services de table ou même des simples bouteilles à eau-de-vie, à liqueur ou à vin.

Quelle sera la destinée des fabriques de Venise le jour où elles renonceront à des copies sans gloire? Déjà, M. Koepping le présage avec ses vases délicats et fragiles comme les fleurs dont ils empruntent la ressemblance. Au lieu de s'hypnotiser dans une stérile adulation du passé, que les artistes des lagunes écoutent le maître de Lorraine qui toujours plus généreusement se dépense et toujours plus triomphalement s'impose. Entre tant de mérites par où M. Gallé a su nous conquérir, ce n'en est pas un des moindres, à coup sûr, que sa haine des recommencements. Son pur génie, qui s'alimente aux sources vives de la nature, leur doit la verdeur d'une inspiration intarissable, sans cesse renouvelée. Il est, tout à la fois, l'embellisseur du *home* et le créateur de ces gemmes uniques dont la place est marquée dans la Galerie d'Apollon. Hier, il s'instituait émailleur et « lapidaire faussetier », créait à sa guise des camées, des intailles. Sans renoncer à aucune de ses conquêtes d'antan, — témoins les émaux nacrés sur porcelaine de verre, témoins les camaïeux sur fond citronné semé de cabochons simulant la turquoise, — il lui a plu, à cette heure, de patiner le cristal en soumettant la pâte malléable au contact des poussières sèches ou graisseuses : de là ces matités, ces effets de brouillard, de brume, ces teintes superficielles neigeuses, opacifiées, écumeuses ; ou bien, encore, il s'est souvenu de ses meubles mosaïqués, et le voici incrustant à chaud sur l'épiderme de ses vases des fragments ensuite repris et gravés ; et peut-être

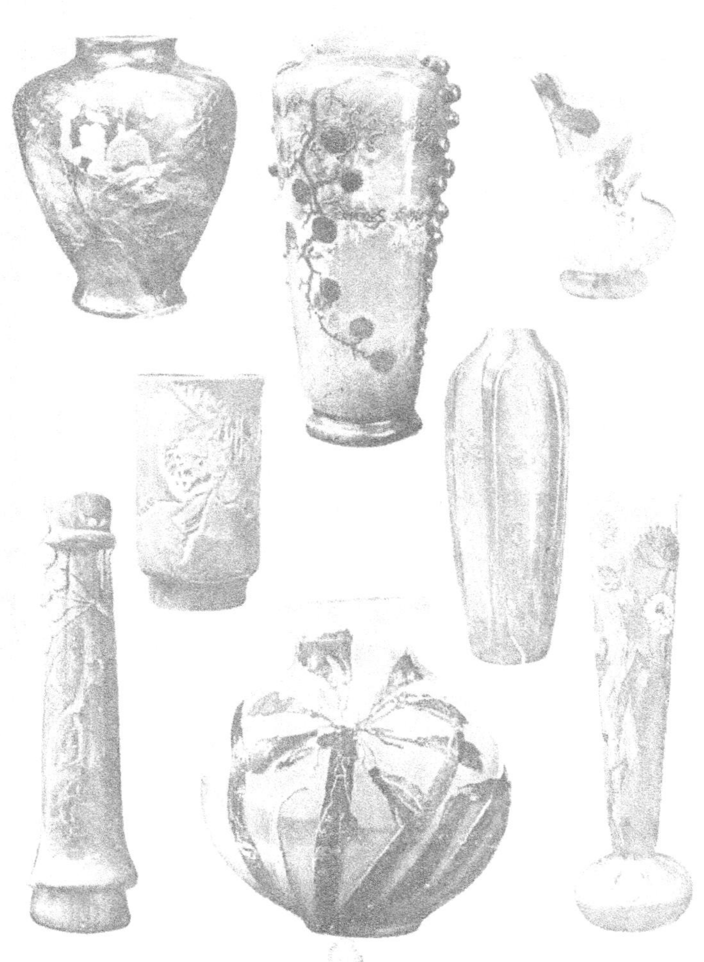

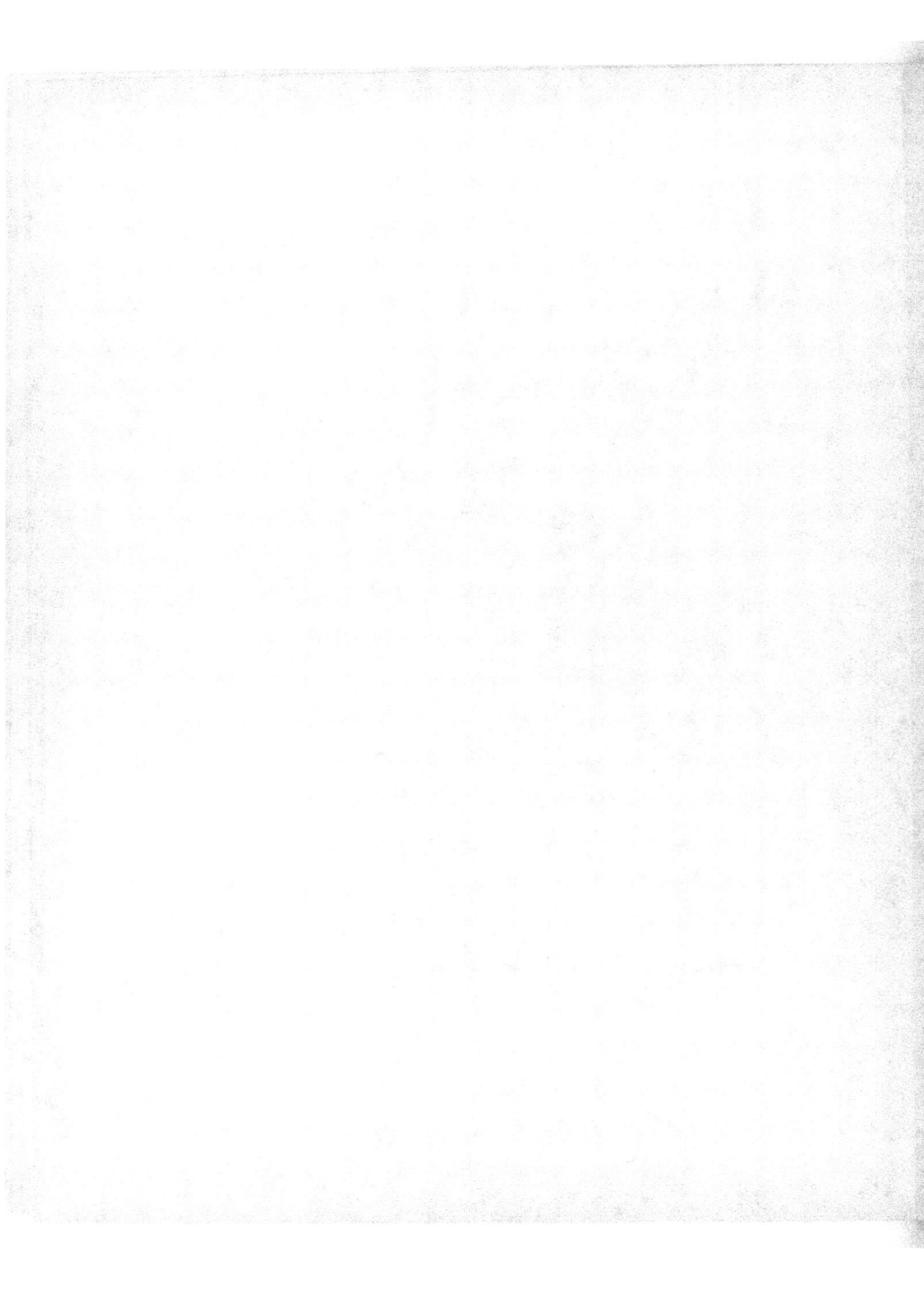

a-t-il atteint le degré suprême de sa maîtrise dans ces marqueteries, qui opposent la mâle robustesse des reliefs au charme de nuances rompues, assoupies, délicates à miracle.

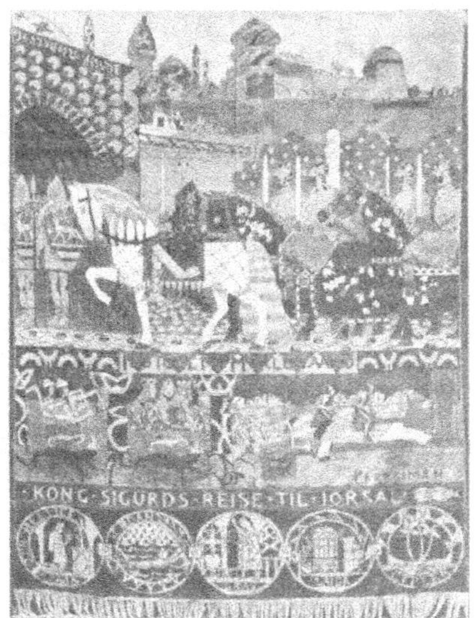

L'ENTRÉE DU ROI SIGURD A CONSTANTINOPLE
TAPISSERIE DE Mme FRIDA HANSEN, D'APRÈS GERHARD MUNTHE

De tels joyaux, nulle civilisation n'en vit paraître, et je n'en sais pas de plus troublants, de plus parlants à l'esprit, de plus aptes à lui ouvrir l'infini de l'au-delà; M. Émile Gallé les élève au rang de confidents, il leur demande d'incarner ses rêves et ses révoltes. Libre aux plagiaires de piller les thèmes inspirateurs, de ravir le répertoire des gammes coutumières, de surprendre les procédés et les tours de main ; le larcin est illusoire, sans profit : ils ne dérobent que des apparences ; leurs créations manquent, pour être viables, de la pensée, de la poésie, de l'âme que M. Gallé communique à ses ouvrages et sans laquelle la matière reste muette, sans charme d'émotion, sans magie évocatrice.

Le temps n'est plus où nos voisins d'outre-Manche tiraient seuls vanité de leurs papiers peints et où il n'était de tentures enviables que celles venues de Londres. L'Allemagne et la France livrent un rude assaut à la vieille suprématie dont l'Angleterre était redevable à ses meilleurs artistes ; elle n'a pas perdu l'habitude de les mettre à contribution, et les plus remarquables modèles soumis par M. Jeffrey, par M. Essex, avaient pour auteurs M. Walter Crane ou M. Heywood Summer, M. Day ou M. Stephen Webb. L'avertissement ne devait pas échapper à M. Schutz, de Dessau ; il s'est tourné vers les décorateurs réputés de son pays, et non en vain : le succès a répondu, éclatant, immédiat. Encore qu'ils aient apporté moins de hâte, les fabricants de France peuvent se féliciter d'avoir sollicité le concours de M. Ruepp, de M. Couty, de M. Bigaux ; la production s'est diversifiée ; le penchant se dénonce pour les nuances tendres, pour les larges frises développant l'alternance de leurs motifs sous les corniches, dans la partie de la paroi trop élevée pour recevoir aucune décoration mobile. Parfois encore, la tenture se plaît, avec M. Heaton, M. Préaubert, à revêtir les apparences du cuir ou de l'étoffe pelucheuse...

Qu'il s'agisse de papiers peints, de tissus, de tapis, de broderies ou de dentelles, toujours le nom de M. Félix Aubert reviendra sous notre plume avec le même sentiment de gratitude. La renaissance décorative à laquelle nous assistons n'a pas compté de servant plus actif ni plus utile. Sa stylisation de la plante est claire sans sécheresse, élégante sans redondance. Combien on doit déplorer qu'un si considérable effort se soit trouvé disséminé, que la faculté n'ait pas été laissée de l'embrasser dans son entier! Il eût fait beau mettre en parallèle avec les cretonnes de Turnbull

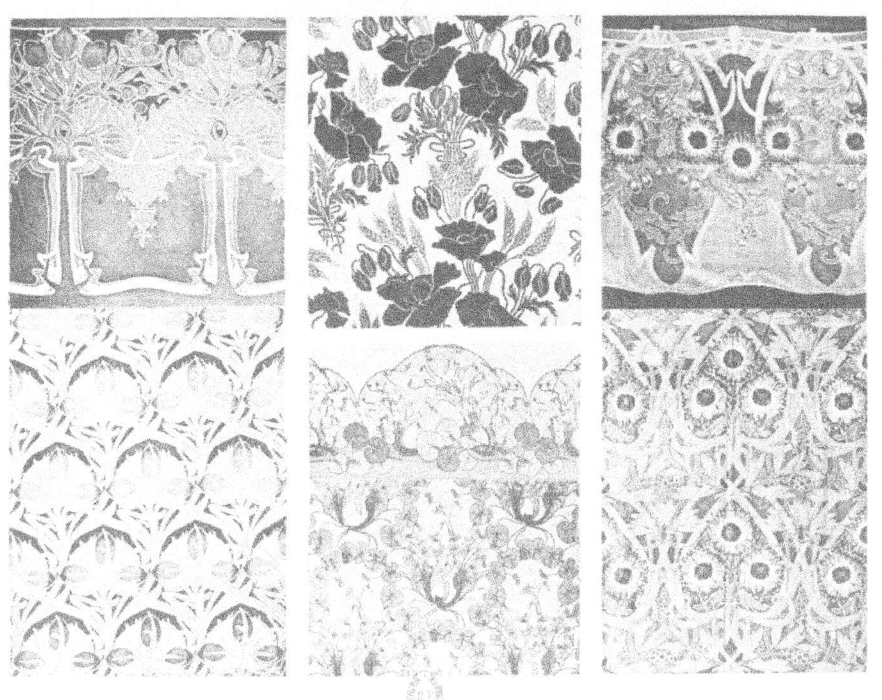

CRETONNES IMPRIMEES EXPOSEES PAR M. BESSELIEVRE

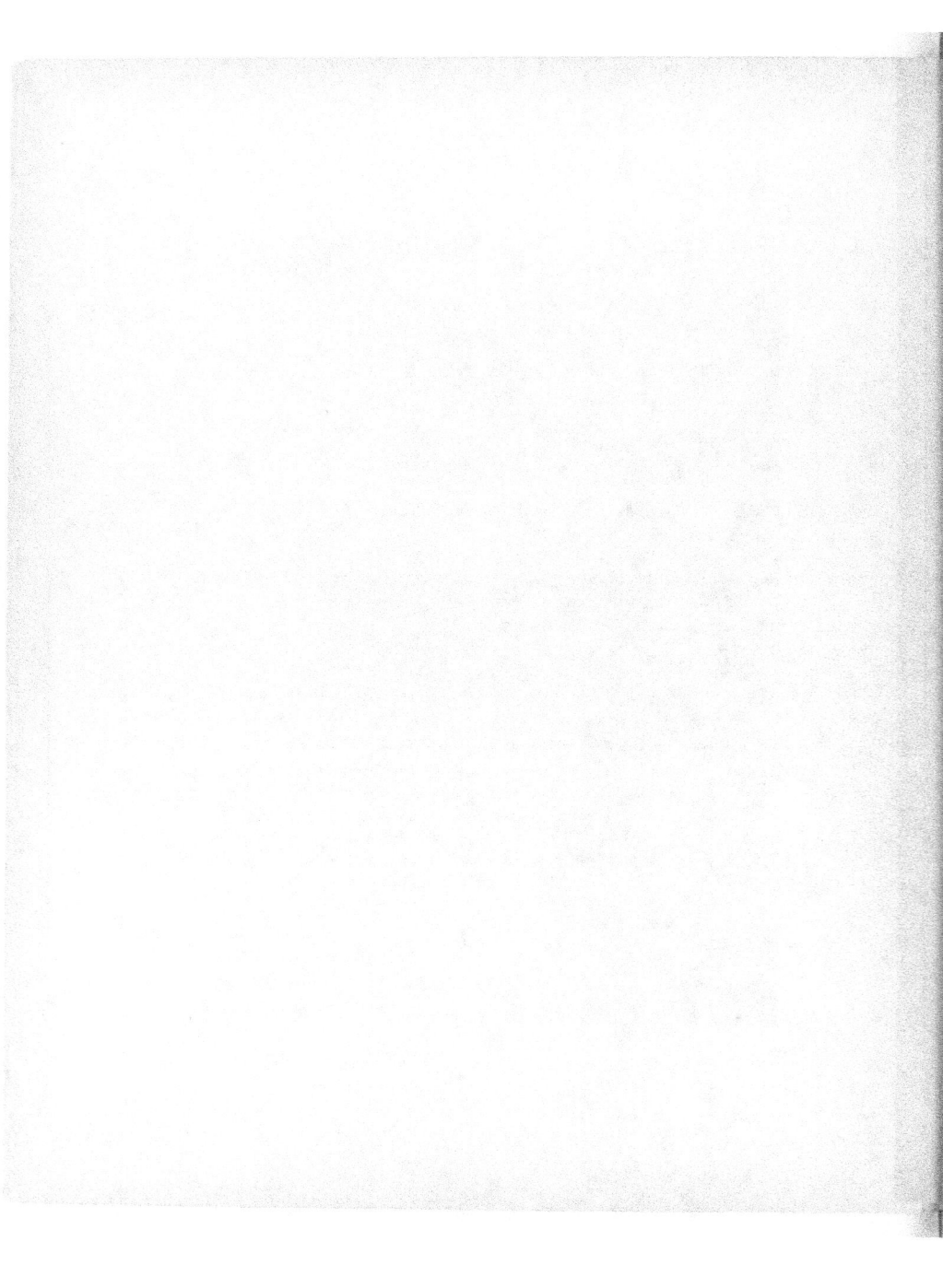

celles dont M. Félix Aubert a conçu le dessin pour MM. Scheurer et Lauth ;

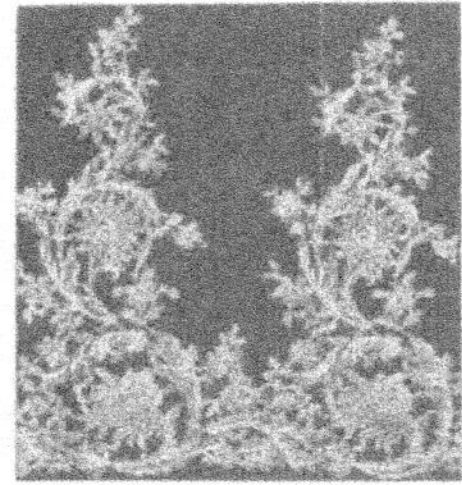

BRODERIE MÉCANIQUE DE M. W. WEINDLER

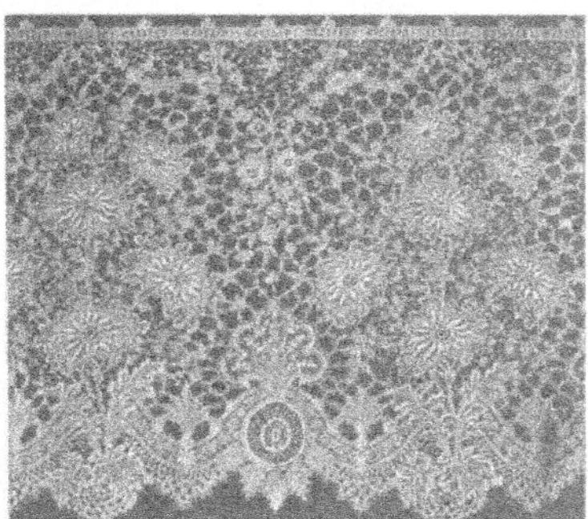

BRODERIE MÉCANIQUE DE M. WEINDLER

en dehors de lui, la rénovation du tissu imprimé se poursuivait, à Lyon chez M. Duplan, à Rouen chez M. Besselièvre. On a fait grand honneur à

M. Besselièvre de son exposition, et en toute justice : elle est d'une infaillibilité de goût absolue dans son abondante variété. A Paris et à La Haye, M. Jolly-Sauvage et M. Thorn Prikker établissaient, par leurs canevas, leurs *battiken* (1) à quels effets amusants ou riches prête la peu coûteuse décoration à réserves ou au patron. Quant à nos étoffes d'ameublement tissées, leur histoire fut celle des papiers peints anglais, et l'origine de leur commune fortune s'attribue à des raisons identiques; les manufacturiers ont renoncé à n'utiliser que les dessinateurs spéciaux; ils requièrent l'intervention et l'aide des artistes : de M. Colonna et de M. de Feure sont les brochés édités par l' « Art nouveau-Bing »; M. Vanoutryve s'est adressé à M. Aubert; M. Leclercq à M. Grasset; M. Le Borgne à M. Karbowsky; M. Saurel à MM. Couty, Verneuil, Latenay, Gillet; MM. Cornille à M. Sandier, à Mlle Rault. L'initiative de MM. Cornille est particulièrement méritoire, car plus la matière augmente de prix, plus s'accroît aussi la crainte de s'évader des sentiers battus; un rideau en velours de Gênes sur fond de satin, — *Les Angéliques* (Mlle Rault), — divers lampas, — *Les Tulipes* (Mlle Duprat), *Les Glycines* et *Les Narcisses* (M. Bohl), — n'ont à redouter le voisinage d'aucun chef-d'œuvre de tenture ancienne. Tandis que Crefeld honnit tout pastiche et que M. Warner soutient le renom des faiseurs anglais, les fabricants de Lyon, réfractaires au progrès, ressassent le passé sans merci. Je ne découvre guère de tissus modernes que chez MM. Chatel et Tassinari, chez M. Henry, chez M. Chavent; celui-là s'est souvenu, par aventure, qu'une école des Beaux-Arts existait dans sa ville, et, d'après deux compositions d'élèves, il a exécuté des velours et un broché qui sont bien, à notre gré, les plus intéressantes créations de l'exposition lyonnaise.

L'esprit des Stéphanois est plus ouvert, moins asservi à la routine. L'aiguillon de la concurrence les stimule davantage; ils savent que la nou-

(1) Le procédé employé pour la création des *battiken* est le suivant : « on couvre l'étoffe d'une couche de cire en laissant découvertes les parties qu'on veut colorer; puis on la plonge dans des acides qui teignent ces parties en bleu, jaune, etc.; enfin on ôte la cire en la fondant. L'opération est répétée autant de fois qu'on veut faire paraître de nouvelles couleurs. »

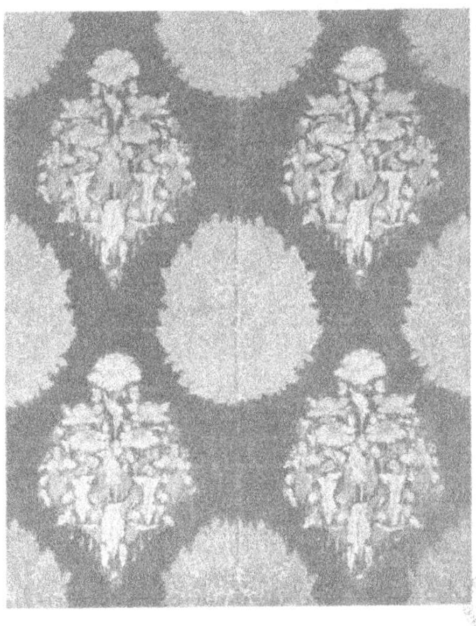

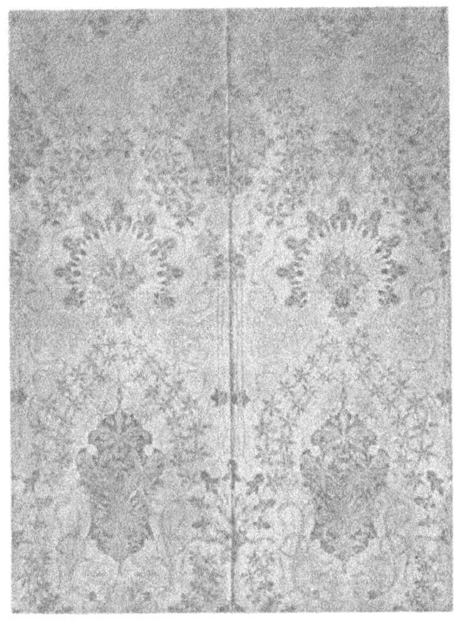

TISSUS DE MM. CORNILLE FRÈRES

veauté tant maudite est la condition d'existence de la rubannerie, ils y visent de leur mieux. Placés dans la pénombre où on les distinguait mal, les façonnés fleuris de Saint-Étienne n'ont pas obtenu l'attention souhai-

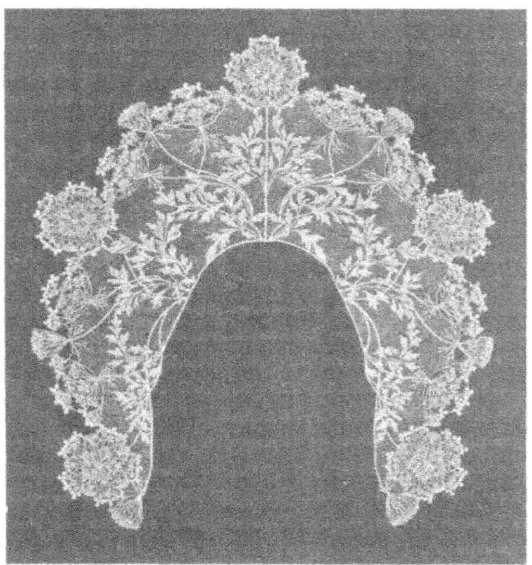

COL EN DENTELLE, EXÉCUTÉ PAR Mme [illegible]
D'APRÈS LES DESSINS DE M. [illegible]
(Exposé par l'École des Arts décoratifs de Vizille.)

table; et pourtant, j'ai là sous les yeux des taffetas nuageux, vaporeux, imprimés sur chaîne par MM. Marcoux-Châteauneuf, et des rubans tissés par MM. Brossy-Babouzet, qui sont de pures merveilles de goût, de dispo sitions, de nuances; d'autres, de MM. Béraud, Troyet, Forest, sont encore restés dans le souvenir. Combien il faut regretter que l'effort d'une cité importante soit presque passé inaperçu! Il est pourtant essentiel, comme tout ce qui touche la parure féminine, et peut-être est-ce la collectivité de la Couture qui a valu à notre goût sa consécration la plus éclatante. On ne s'est pas acquitté en célébrant ceux auxquels il échut de trouver d'inégalables bonheurs de coupe pour exalter la grâce et l'élégance. Il sied aussi de ne pas taire les collaborateurs qui favorisèrent le luxe de ces ajustements par une coopération précieuse, et ma pensée va, en cet instant, à M. René Schiller, le Lalique de la passementerie, à M. Piel, à M. Charles, à M. Mercier. De l'union de tous ces concours et de l'ingéniosité à les discipliner est faite la gloire de la couture française.

L'Autriche et la Hollande, l'Allemagne et la Russie, se satisfont en produisant des tapis épais, moelleux, à la façon de Smyrne. Leur prix vient de la qualité et de la hauteur de la laine, de l'agrément de la couleur. L'ornementation en est volontairement rudimentaire. Chez nous, au rebours, M. Jorrand met son honneur à embellir par le décor la plus humble moquette, et je citerai aussi pour mémoire les ouvrages d'exception dont les Gobelins et Aubusson s'honorent d'avoir demandé les cartons à M. René Binet et à M. Félix Aubert.

Avec un administrateur de la compétence de M. J.-J. Guiffrey, tout peut être espéré des Gobelins, et la destinée heureuse de la Manufacture de Sèvres leur semble promise. La présence de tapisseries exécutées d'après Gustave Moreau, d'après M. Jules Chéret, est bien pour confirmer ces présomptions. De quoi dépend l'avenir des Gobelins, si ce n'est du choix des modèles, de leur intérêt d'art et de leur convenance aux lois d'une technique spéciale? Mais ces lois ne sont pas si compliquées que nul ne s'y puisse initier ou que le secret en soit à jamais perdu, comme l'avancent certains pessimistes. A plus forte raison n'est-on pas fondé à décréter la tapisserie un art disparu, impossible à faire revivre. Pour s'inscrire en faux contre ce témoignage, il suffit des interprétations de

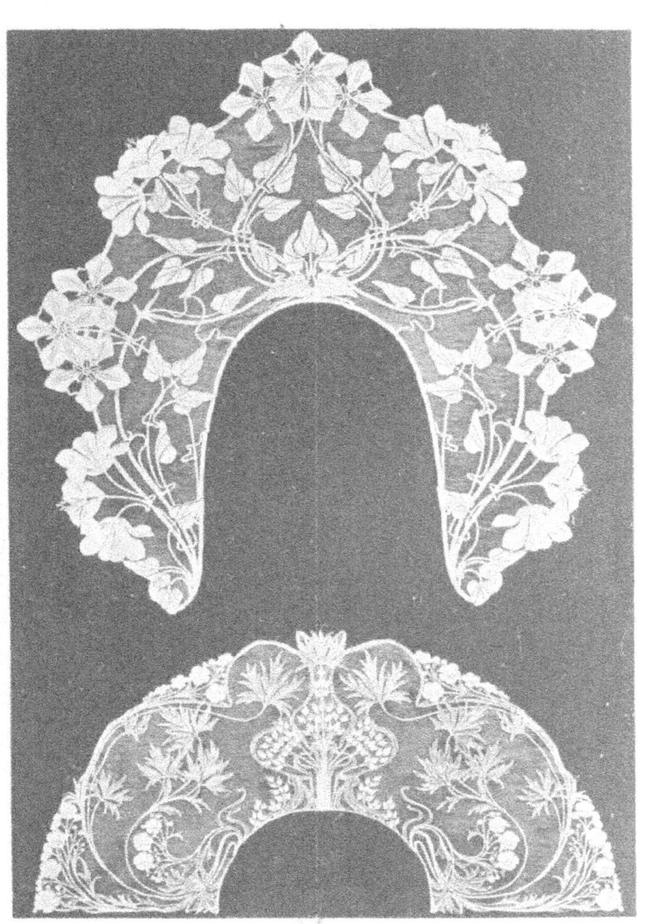

William Morris d'après Burne-Jones, et des passionnants ouvrages venus de Scherrebek, de Stockholm, de Christiania. Qui veut les goûter doit tenir compte des différences de latitude, de conception, de métier, et s'imposer d'oublier les imitations de tableaux, familières à notre regard, dont se sont rendus trop longtemps coupables nos ateliers nationaux ; mais, la liberté du jugement une fois recouvrée, le charme de l'évocation

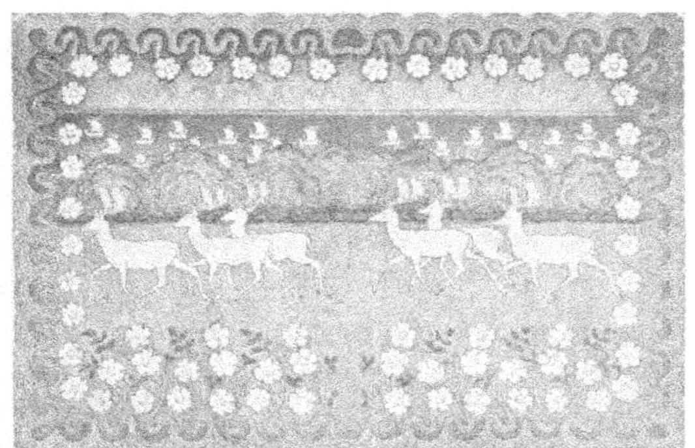

GARDE COMPOSÉE PAR M. C. HEILMANN POUR UN LIVRE SUR COPENHAGUE
(Exposition de la Société danoise du Livre)

s'insinuait en nous, et à voir la *Danse de Salomé* ou l'*Entrée du roi Sigurd à Constantinople*, comme à entendre conter *Peau d'âne*, plus d'un prit un plaisir extrême.

C'est une sympathie aussi forte que commandent les broderies du Village russe et les broderies hongroises, roumaines, serbes, qui possèdent au même degré un caractère franchement populaire, souvent rural. Le temps, l'affinement des civilisations ont éloigné, dira-t-on, la broderie de son but originel, et devant certaines vitrines du Japon la perfection du travail finissait par retenir davantage que l'invention elle-même. En France, en Allemagne, en Autriche, en Hongrie, une réaction s'est produite (1), on s'efforce de redevenir simple et de reconquérir la naïveté par où l'ouvrage à la main se différencie du produit mécanique. Un lieu commun rend aujourd'hui la machine responsable de toutes les décadences et lui dénie tous les avantages. Il y a quelque excès et même quelque ingénuité dans cette réprobation. Instrument docile et précis, la machine vaut selon l'emploi qui en est fait. Lui propose-t-on quelque modèle digne, elle saura le répéter, le répandre ; il lui est ainsi donné de seconder bienfaisamment la propagation du beau, et voici, pour le prouver, les nappages d'Autriche (MM. Regenhart et Raymann, M. N. Langer), les dentelles de Plauen (M. W. Weindler, MM. Klemm et Steger), les reliures américaines en toile imprimée de MM. Little Brown, les rideaux et les tulles de M. Warrée, de M. Delentre, de MM. David et Adhémar, de M. Fischer. L'objet de haut luxe requiert, cela va de soi, le façonnage délicat des doigts, l'exercice du libre arbitre, l'éveil d'une volonté qui dans chaque détail s'accuse, et quand nous admirions les dentelles de soies nuancées et mêlées d'or de M. Félix Aubert, les berthes en point de France de M. Lefébure, les absolus chefs-d'œuvre que sont les cols, les éventails et les mouchoirs exécutés par Mme Hrdlicka d'après les dessins de son mari, c'était toujours en songeant à la petite dentellière de Jan Vermeer, penchée sur son labeur et s'y absorbant tout entière, avec un recueillement grave, religieux presque.

On se souvient des risées, des colères qui accueillirent à leur apparition les reliures mosaïquées de Prouvé, de Martin, de Wiener : elles firent scandale au point de provoquer l'excommunication majeure sous forme d'une protestation corporative. Le principe ornemental n'était pas, à tout

(1) Outre le coussin brodé d'après le modèle de M. Félix Aubert, il y a lieu de signaler la chasuble exposée par M. Nolrot-Biais, les ouvrages de MM. Rippl-Ronaï et des Ateliers réunis de Munich.

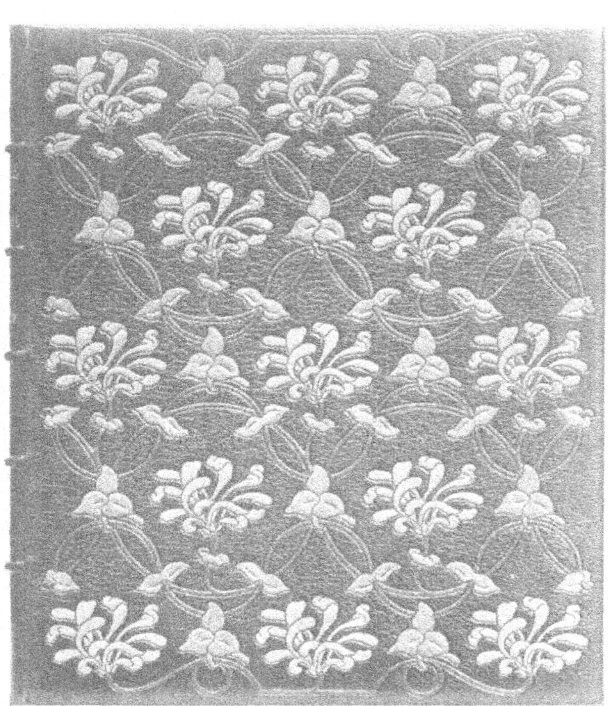

RELIURE MOSAIQUE POUR LES NUITS D'ALFRED DE MUSSET

Exécutée par M. Marius Michel

prendre, dissemblable de celui que l'on préconise à Copenhague, capitale de la bibliophilie. La *Société danoise du Livre* exerce là-bas sur la typographie (1) et la reliure une action prépondérante, qui favorise,

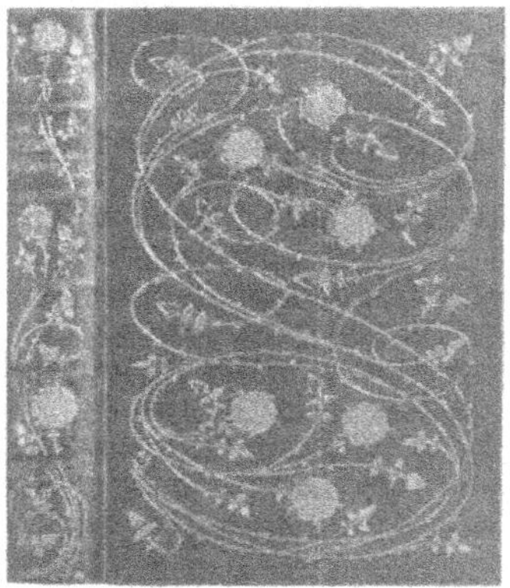

RELIURE
DE L'OXFORD UNIVERSITY PRESS WAREHOUSE

pour notre joie, la libre expansion de l'originalité septentrionale. Il n'est que l'influence de l'*Oxford University Press Warehouse* qui lui puisse être

(1) Après le Danemark et l'Angleterre, c'est en Hollande (exposition du « Cercle de la librairie néerlandaise »), en Allemagne, en Autriche, puis en France, que les arts du livre semblent surtout fleurir : un alphabet d'un nouveau type a été créé par M. Grasset et fondu par M. Peignot ; la typographie autrichienne s'imagine un caractère d'un style particulier ; ainsi a fait aussi l'Allemagne pour son catalogue spécial, à tous égards exemplaire. L'imagination de M. Georges Auriol fleurissait de vignettes exquises les pages initiales de la *Revue encyclopédique* et des couvertures de livres et de partitions (M. Fuchs). Une recherche d'art recommandait, à Paris, les articles de papeterie de luxe de M. Stern, de M. Devambez, de M. Grabbe ; à Vienne, ceux de M. Rosenbaum, de MM. Theyer et Hardtmuth.

comparée ; à cette différence près toutefois que l'Angleterre ne connaît ni les libertés, ni les audaces danoises : elle ne se départit jamais d'une certaine froideur, qui ne messied pas à la sobriété de ces décors, tantôt repoussés, tantôt dorés au petit fer, mais toujours conçus dans un style individuel et très spécial (M. Ledric Chivers, de Bath, et l'« Oxford Press Warehouse »). Hormis quelques travaux assez rares, suédois (M. Beck), hollandais, autrichiens ou allemands (M. W. Collin), sauf aussi les cartonnages d'Amérique auxquels il fut fait allusion, les autres reliures pourvues d'un certain attrait sont toutes d'origine parisienne. Elles sont signées, soit d'artistes tels que MM. Pierre Roche, Victor Prouvé, Lefort des Ylouses, Saint-André, soit d'un peintre-graveur comme M. Lepère, qui incise et patine le cuir à merveille, soit d'amateurs qui l'illustrent au moyen de la pyro-gravure. Quant aux professionnels, après avoir conspué les exemples nancéiens, ils ont examiné quelle part de vérité se trouvait contenue sous l'erreur prétendue ; j'accorde que MM. Gruel, Marius Michel, Ruban, Canape, Mercier, Carayon ont tempéré par la mesure ce que l'imagination des initiateurs pouvait avoir d'un peu exubérant ; mais, tout compte fait, les audaces des révolutionnaires, si excessives aient-elles semblé, n'ont pas laissé d'être profitables.

A l'heure présente, la convoitise de beauté est devenue un besoin social ; chacun espère d'elle le souverain réconfort, qui élève l'âme, la distrait et la console. Les associations si fréquentes en Finlande, en Russie, en Suède, en Norvège, n'ont d'autre origine et d'autre but que de faire le foyer mieux orné, plus riant, et, partant, l'existence moins rude. Un souci aussi pressant s'est emparé des pays du centre. Les ressources de l'érudition échoueraient, on le devine, à satisfaire des aspirations chaque jour plus répandues. Qui veut être entendu de tous doit parler clair et net le langage de son temps. L'idéal moderne, bien particulier, ne saurait s'accommoder ni de formules épuisées, ni d'anachronismes. Que la routine continue à s'insurger contre le progrès, à bafouer

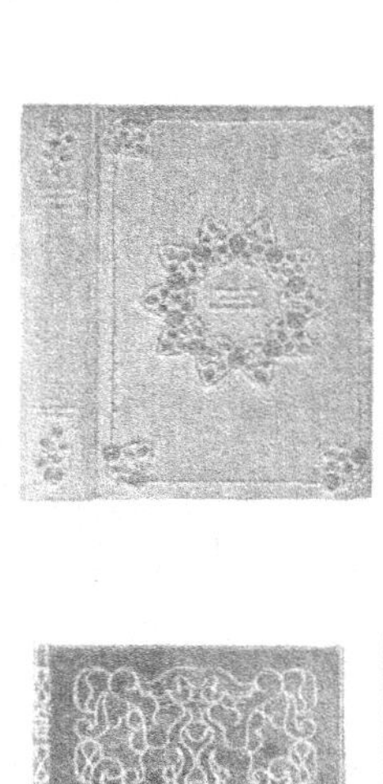

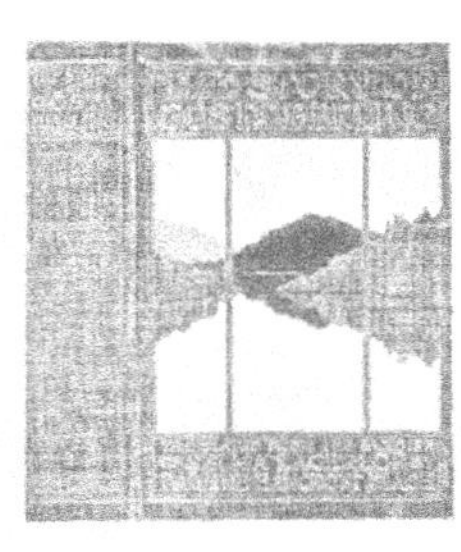

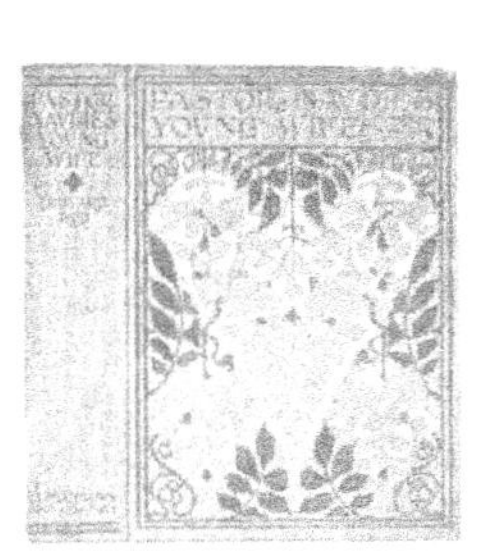

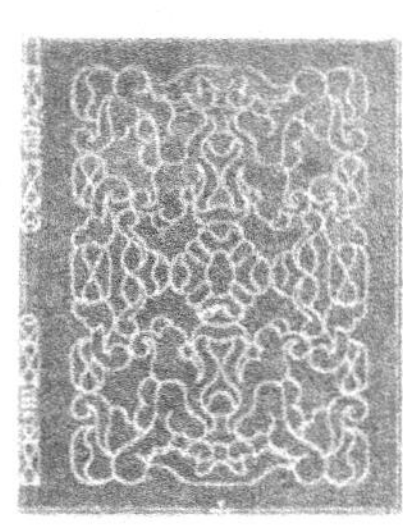

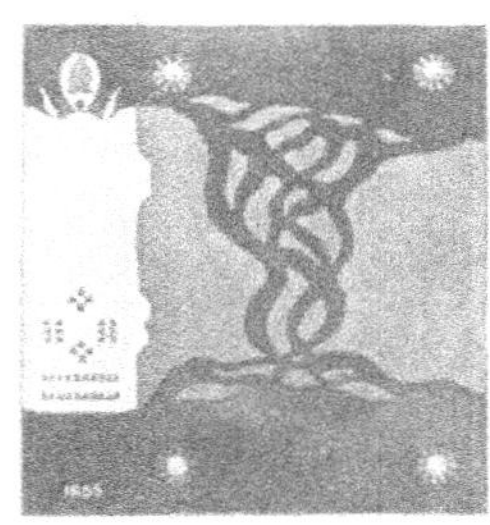

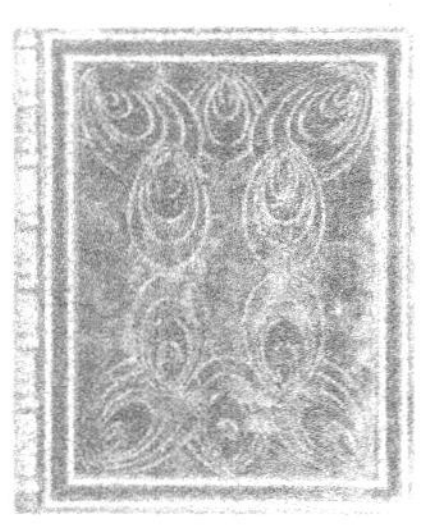

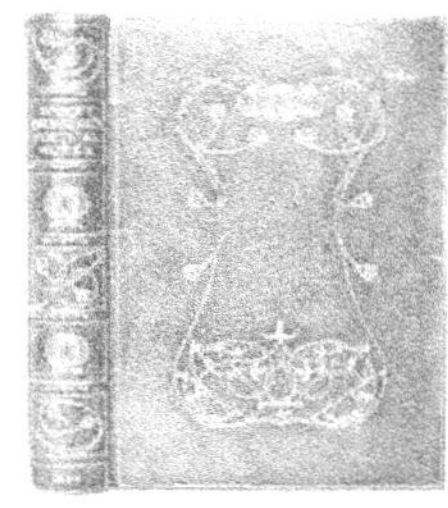

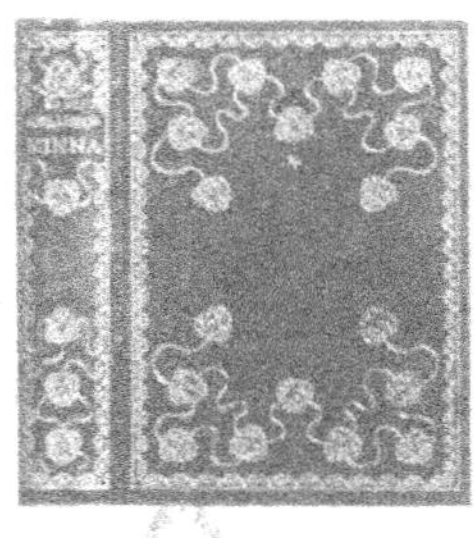

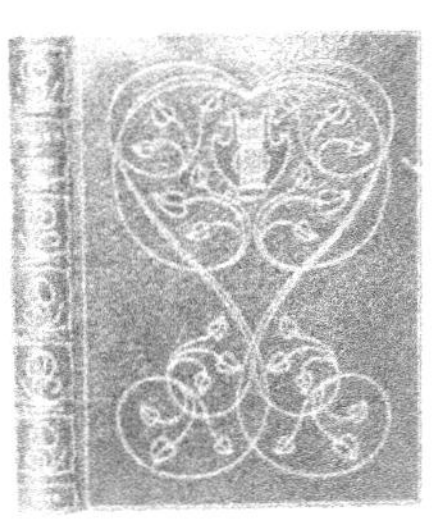

le génie des inventeurs, tout est selon la norme. N'en ayons cure ou plutôt sourions d'infinie pitié. L'humanité en marche, la société en incessant travail, révèlent leur activité par des témoignages distincts, variés, imprévus. Tant qu'une civilisation vit et évolue, le principe du renouvellement nécessaire est assuré de s'imposer et de triompher avec la force d'une fatalité heureuse, inéluctable.

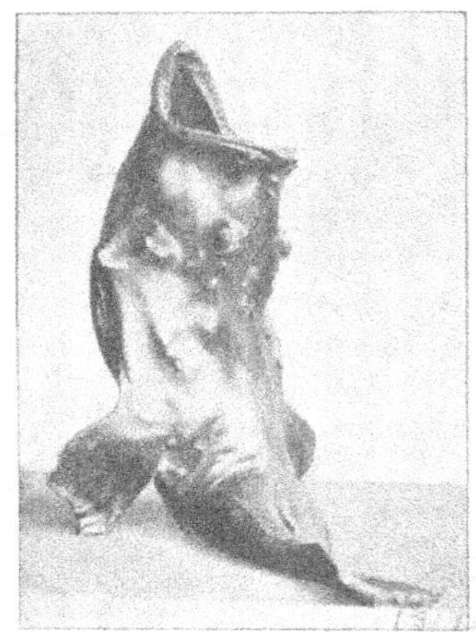

POISSON EN BRONZE, PAR Mme SARAH BERNHARDT

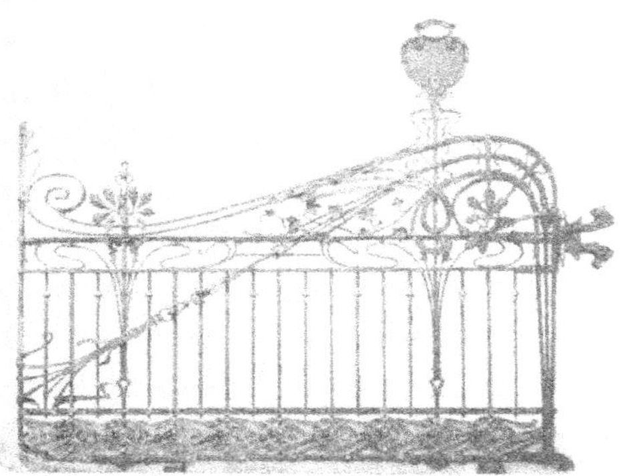

GRILLE EN FER, PAR M. DENISSOVE

INDEX DES NOMS CITÉS

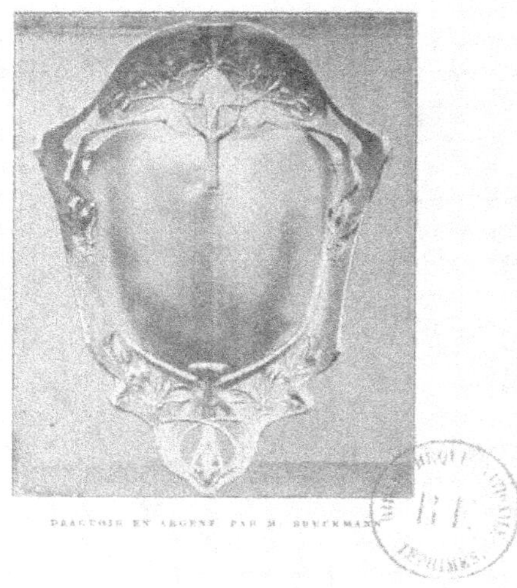

DRAGEOIR EN ARGENT PAR M. BRUCKMANN

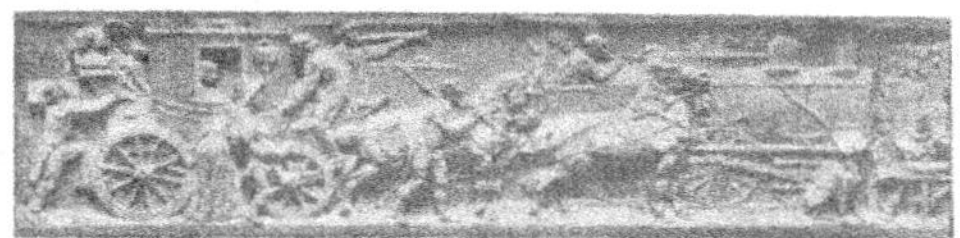

FRISE DE M. ALLAR POUR LE PALAIS DU GÉNIE CIVIL ET DES MOYENS DE TRANSPORTS
(Fragment).

AVIS AU RELIEUR

Le relieur est prié de s'en tenir, de façon rigoureuse, aux indications de la table pour le placement des planches hors texte.

On lui demande également de ne jamais manquer de relier avec le présent volume la couverture composée et lithographiée en quatre tons par M. Georges Auriol; elle constitue une des plus enviables parures de l'ouvrage, et on peut la considérer encore comme un décisif témoignage à l'appui des idées qui se trouvent exposées par l'auteur.

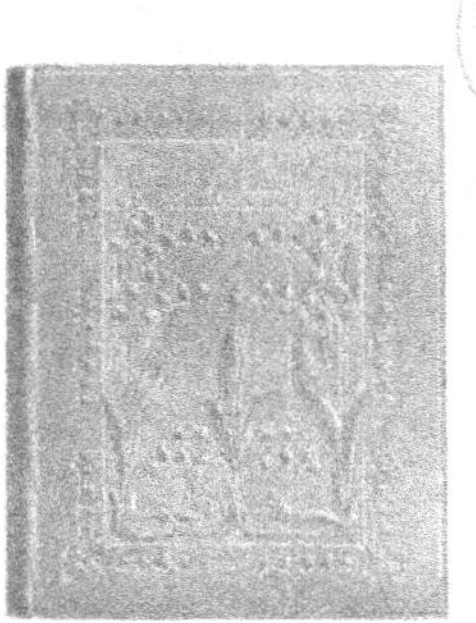

RELIURE EN CUIR INCISÉ
Exposée par M. [illegible], de Paris.

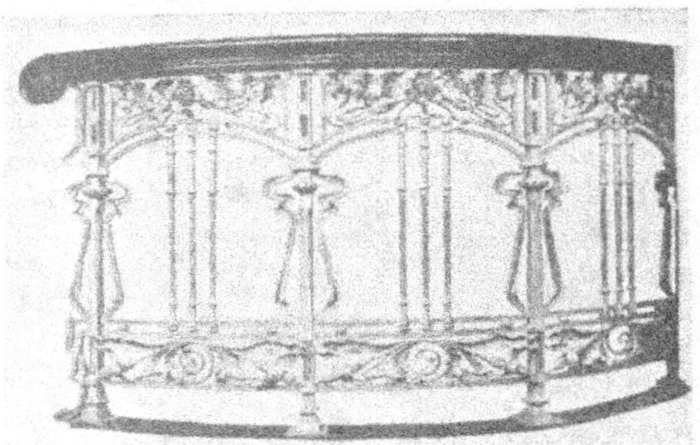

DÉPART DE RAMPE EN FER FORGÉ, PAR M. EGGERT

TABLE DES ILLUSTRATIONS

PLANCHES HORS TEXTE

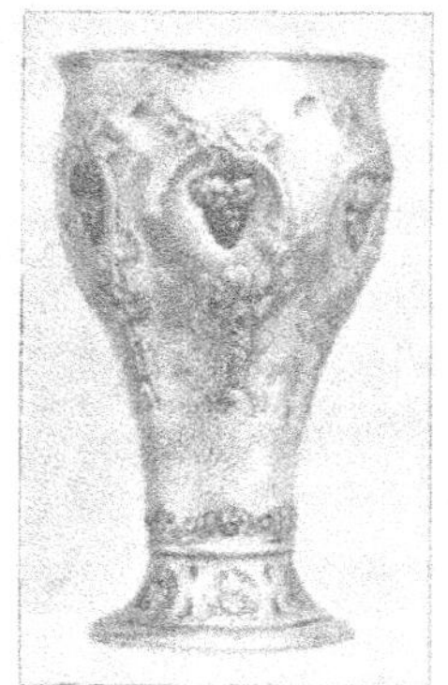

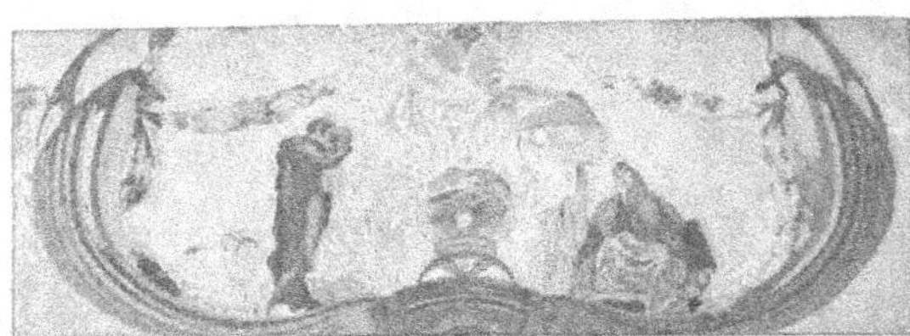

PEINTURE DÉCORATIVE DE M. P.-A. BESNARD POUR L'INSTALLATION
DE LA PARFUMERIE PIVER

PLANCHES DANS LE TEXTE

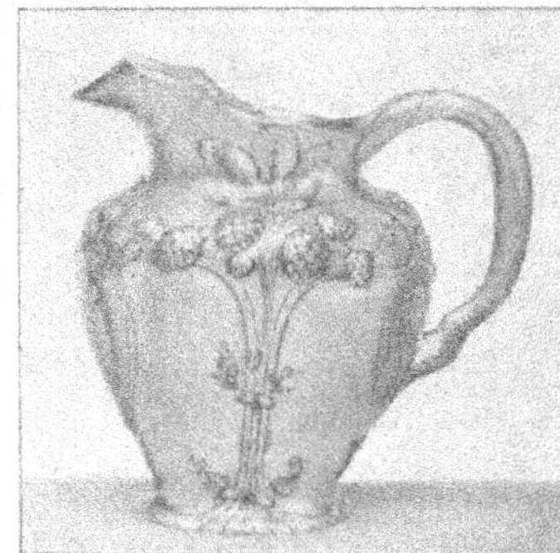

POT À CRÈME EN ARGENT REPOUSSÉ
EXPOSÉ PAR LA MANUFACTURE DE GORHAM

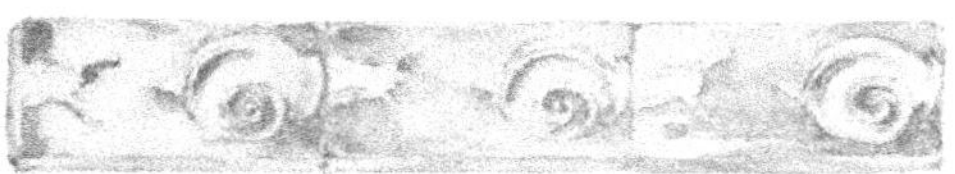

LES COLIMAÇONS, FRISE DE M. PIERRE ROCHE, GRÈS DE M. ALEXANDRE BIGOT

TABLE DES MATIÈRES

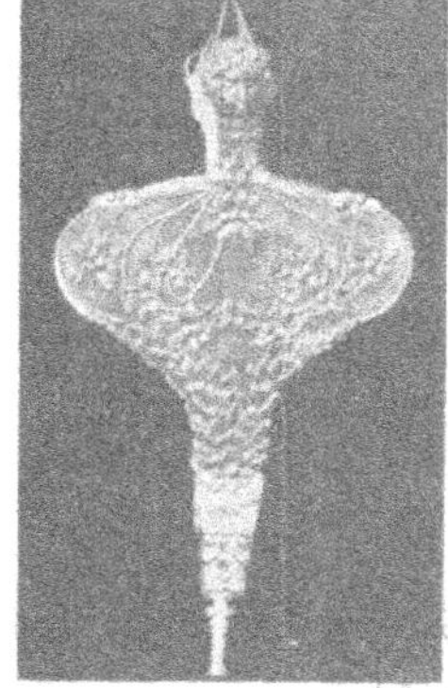

[illegible]
EXPOSÉ PAR M. [illegible]

ACHEVÉ D'IMPRIMER

le 2[illegible] novembre 1901

Sur les Presses de Fernand Schmidt

20, rue du Dragon, Paris

POUR LA LIBRAIRIE CH. DELAGRAVE

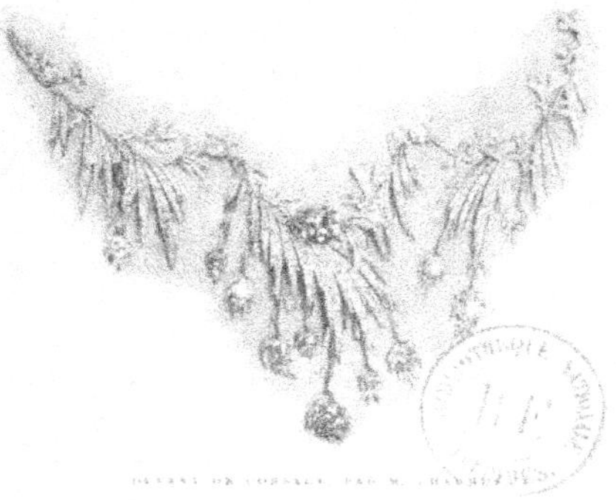

DEVANT DE CORSAGE, PAR M. [illegible]

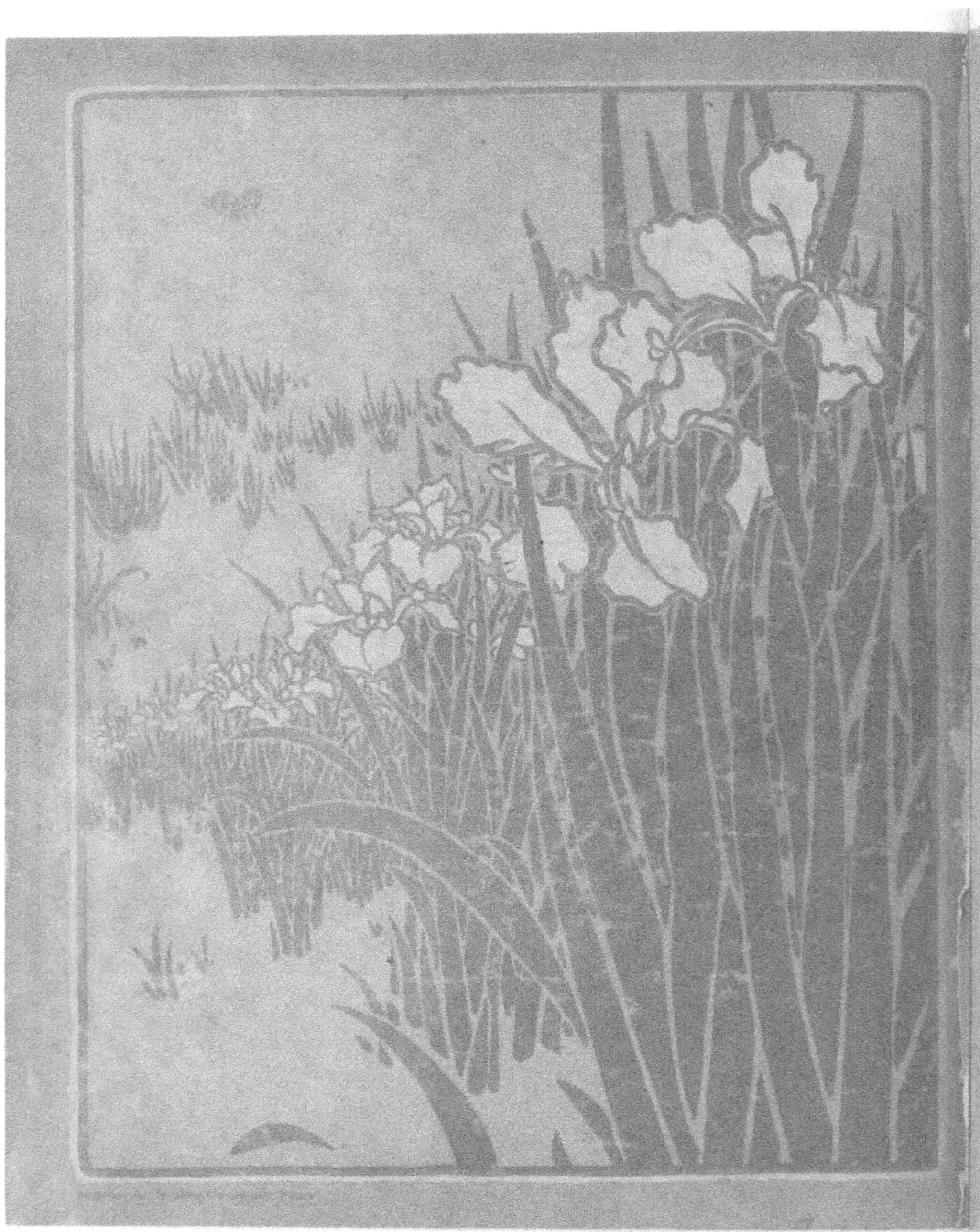

www.ingramcontent.com/pod-product-compliance
Lightning Source LLC
Chambersburg PA
CBHW071158240526
45470CB00017B/344

* 9 7 8 2 3 2 9 2 2 2 8 9 9 *